诗意草堂

王 飞 著

中国旅游出版社

目录

CONTENTS

远去的诗意

　　"两个黄鹂鸣翠柳，一行白鹭上青天。窗含西岭千秋雪，门泊东吴万里船。"上小学时最早在语文课本里读到这首诗，从此知道了杜甫。而成都的杜甫草堂，就像一幅美丽的四条屏风景画，挂在我想象中遥远的浣花溪畔。

　　多年以后，终于有机会去草堂敲那诗意的门窗。我感觉草堂的美，灵秀而端庄，郁勃而深邃。远看去，是一片郁郁葱葱的风景；走进去，是一座文采风流的殿堂。空气中弥漫着潮湿的气味，像是花草和着书香的味道。一种从未有过的亲近感涌上心头，恨不得做一万个深呼吸，将那润物细无声的诗句，挥洒在草堂光影斑驳的墙头。

杜甫，独立苍茫的歌者

　　草堂的正门，相对于诗圣的声名，显得朴素而低调，沿着围墙一顺看过去，几乎不用仰视。门外是一座古旧的照壁，将草堂与浣花溪隔开。照壁外有一段沿江公路，不是很长，但很僻静。路边堤岸上一色合抱粗的法国梧桐，斜斜地伸出去，几乎要遮住浣花溪的一半水面。其意境，正合了杜甫《卜居》诗里所写的诗句："浣花溪水水西头，主人为卜林塘幽。已知出郭少尘事，更有澄江销客愁。"

步入草堂正门，迎面古木苍翠，浓荫如泻，曲水环抱，石桥通连，池中水禽嬉戏，枝头好鸟相鸣，一派林塘清幽的景象。绿树掩映之下，一排宽敞的房廊静静铺开，这便是中轴线上的第二重建筑——大廨。大廨正中，端坐着杜甫的铜像。诗人跪坐着，膝上摊开诗卷，身子弯成一道薄薄的弧线，似乎难以承受命运过多的重压。他的头颅微微昂起，面容清瘦而孤傲，目光深邃而高远。许多游人在这里驻足、留影，都愿意摸一摸杜甫抚着诗卷的手，说是想沾一点诗歌的灵感。那是一双瘦骨嶙峋的手，在千万次的抚摩下，更瘦了，露出黄铜底色，幽幽的光泽温暖而迷人——你甚至不难体会到它的脉搏、它的体温，甚至因为内心的激动而有些许的颤抖。

大廨，即官署，指古代官吏办公的场所。在一个官本位的社会，后人非要给一介书生建一处官署，多半出于善意的附会。杜甫确有用世之心，立志要"致君尧舜上，再使风俗淳"。但是命运跟他开了天大的玩笑，他两次科举不中；尤其是第二次，所有考生全部落榜，杜甫在权臣李林甫"野无遗贤"的上表中彻底惊醒，对金榜题名不再存有任何幻想。长安十年，杜甫向皇帝献赋，向权贵干谒，而沉沉朱门似乎总对他欲开还闭。一个当年与李白一道"放荡齐赵间，裘马颇清狂"的意气书生，沦落到"卖药都市，寄食友朋"的境地，"残杯与冷炙，到处潜悲辛"。在"安史之乱"中，他在沦陷的长安写下著名的《春望》，表达出深切的家国情怀。后来好不容易逃出长安，到灵武投奔刚刚即位的唐肃宗。唐肃宗感念他的忠诚，授为左拾遗，一个从七品的谏官。但他还是未能把握住机会，在唐肃宗处分宰相房琯的事件中，因为犯颜直谏而被贬谪，差一点儿丢了性命。他不久便干脆辞官而去，从此浪迹天涯。后来流寓蜀中，被好友严武举荐为"节度参谋检校工部员外郎"，不过是个挂名的虚衔。当杜甫在仕途上越走越窄的时候，他的诗却越作越好，影响越来越大，终于在身后戴上了"诗圣"的桂冠，真是应了"诗穷而后工"这句话。看来儒家关于"三立"以及"穷达"的命题，原本远非个人可以选择。"文章憎命达"，杜甫的悲剧命运，堪为几千年中国读书人命运的一个缩影，难怪他会引起一代又一代后来者的强烈共鸣。

草堂大廨内悬挂着清代学者顾复初的长联，意味深长，脍炙人口："异代不同时，问如此江山，龙蟠虎卧几诗客；先生亦流寓，有长留天地，月白风清一草堂。"顾复初字子远，长洲（今苏州）人。通辞章、擅楹对、工书画，光绪年间（1875—1908）被推为蜀中第一书家。因为没有考取功名，流寓成都，做过四任四川总督幕僚，其身世际遇和杜甫颇为相似。借吟咏杜甫，既自恃才高，又自伤不遇，一唱三叹，意味深长。不妨说，当顾复初在借杜甫的悲剧寄托一己之身世感慨的同时，他也写出了中国古代千百万知识分子的共同悲剧。顾复初一生著述甚丰，而真正令他名垂后世的，恐怕就是题写在杜甫草堂的这寥寥数十字了。

草堂，前世今生的追问

杜甫是不幸的。在那个风雨飘摇的时代，一个伟大而孤寂的灵魂，如一片风中的树叶，被无情地打落，又被高高地扬起，飘向渺不可知的异方。唐乾元二年（759

年）冬，杜甫为躲避战乱，同时为了寻找生活的依靠，携家从秦州（今甘肃天水）经蜀道辗转跋涉，来到成都。从759年至765年，杜甫一家先后在此居住了三年零九个月，留下诗歌240余首。于是成都的草堂，作为诗圣杜甫艺术生命的凝结点，作为中国诗歌精神的一座纪念碑，作为后世文人墨客灵魂皈依的精神家园，被赋予了无可替代的象征意味和浓重的情感色彩。正如诗人冯至《杜甫传》所写的那样："人们提到杜甫时，尽可以忽略了杜甫的生地和死地，却总忘不了成都的草堂。"

草堂何其有幸！宋人葛立方说得好："草堂之名，与其山川草木，皆因公诗以为不朽之传。盖公之不幸，而其山川草木之幸也。"（《韵语阳秋》）

步入草堂庭院，鸟语花香，满目青翠，曲径通幽，碧水萦回。草堂园林，是我个人最喜欢的一种风格范式。它不像江南园林那样精雕细镂，也不像北方皇家园林那样铺张奢华；它清新、典雅、自然、舒展。一般建筑高不过三五米，一律为棕褐色，也不必雕梁画栋，粉壁黛瓦间留下风雨剥蚀的纹理，石阶墙头点染着雨露浸润的青苔。亭台廊榭掩映在苍楠翠竹之间，让人感觉和谐、匀称而舒坦。园中的花木也不做过分修剪，枝条往往旁逸横出，透着几分灵秀，几分野逸，几分清雅。如果说，游皇家园林解读出的是政治风云，赏江南园林品味的是精巧雅致，访成都草堂则让你体会到人与自然最本真的赤子情怀。

诗史堂两端通连着曲折回廊，与大廨构成开阔而又相对封闭的庭院。回廊内外遍植梅花，暗香疏影，惹人流连。沿中轴线继续往下，依次是诗史堂、柴门、工部祠、"少陵草堂"碑亭。透过柴门，可看见工部祠内正中供奉着杜甫的彩身泥塑，两旁还陪祀着黄庭坚和陆游塑像，他们是宋代学杜最有成就的两位诗人。工部祠檐下悬挂着清代学者、书法家何绍基撰书的对联："锦水春风公占却，草堂人日我归来。"隐隐有以杜甫后继者自诩之意。

记得第一次走进草堂，正值梅花盛开。碰巧诗史堂前的梅园里正在拍摄一部古装戏，空旷的长廊，女角一袭嫩绿的衣衫，宽大的水袖越发衬托出袅娜的身姿，在回廊的廊柱间摇曳。而廊外前前后后深深浅浅的梅花，开得似锦如绮，云蒸霞蔚。那次第，仿佛是时空错位，不知今夕何夕！有了这样的经验，每每置身草堂，我总愿意徜徉在这移步换景的回廊之间，静静地体味那花木繁茂、游人如织背后的寂寞，以及寂寞深处挥之不去的悠悠思绪萦怀。这片土地，曾被落红呵护，曾被老酒浸泡，曾被丹青点染，曾被诗情熏陶，仿佛是心有灵犀，如此疏松而肥沃，格外敏感而细腻。经过千年的花开花落，人世间走过多少匆匆过客？又曾有多少人来到这里，寻访那芳尘，追随那吟魂？

诗歌，探寻情圣的心路

由"少陵草堂"碑亭向北，过小桥流水，便来到了茅屋故居。推开简陋的柴门，

发出"吱呀"的声响，将现实的情景带到邈远的过去。景区有南邻、北邻、楠树、野篱、药圃、五株桃树、四棵小松……杜甫茅屋为穿斗结构的川西民居建筑，以茅草覆顶，黄泥涂壁，一派田园农舍风味。也就是在这里，诗人曾经在林下听鸟，在水边踱步，在花间品酒，在窗前读月，写下了吟咏成都最好的一些诗章。今天的茅屋，固然是重新修建的。与其说那是一座建筑，不如说它是一种寄托。

其实杜甫当年的草堂，"诛茅初一亩"，地方不大，也很简朴。杜甫离蜀后，茅屋倾毁，苔荒邻绝。五代时诗人韦庄找到草堂旧址，重结茅屋，意在"思其人而成其处"。以后历宋、元、明、清，沧桑变迁，一座草堂建了又毁，毁了又建，逐步由诗人故居演变为纪念祠堂。值得一提的是，历代的成都地方官，都把维护和培修草堂当作为官一任的重要事情来办，像对待自己祖宗祠庙一样，给予了最精心的修缮。他们或许还称不上是诗人，但他们必定是文人，会读诗也作诗，必定受到杜诗的沾溉与熏陶。他们对杜甫发自内心的认同与推崇，见证了中国文化精神血脉相承的巨大感召力。

茅屋前面的土台上，支着一张石桌，极粗朴的形状，看上去没有一点儿架子。围上几块石头，就算是凳子了，好多游人都愿意在那里坐一坐。坐下来才发现石桌

面上寥寥刻画了一方棋盘，自然就想起杜甫在这里写的《江村》诗：

> 清江一曲抱村流，长夏江村事事幽。自去自来堂上燕，相亲相近水中鸥。老妻画纸为棋局，稚子敲针作钓钩。但有故人供禄米，微躯此外更何求。

终于可以抖搂身上的风尘，停下赶路的脚步，也不必再为衣食无着而悽惶愁苦，诗人疲惫的身心像初春的青草缓缓舒展，他尽情地亲近大自然，享受难得的天伦之乐。那是离乱中的团聚、苦涩后的甘甜，千载之下，令人唏嘘感叹！难怪梁启超要称杜甫为"情圣"，因为他写出了人间的至情至性，那样真挚，那样丰沛，那样刻骨铭心。

一首《茅屋为秋风所破歌》，让少陵茅屋永驻人心。这座简陋的茅屋，它曾被千年前的秋风刮破，在诗人凄苦无助的呼号中摇摇欲坠，在漫漫长夜的冷雨里瑟瑟发抖，却终于永久地屹立于文学史的山脊，成为天下读书人心中最神圣的标杆。"安得广厦千万间，大庇天下寒士俱欢颜，风雨不动安如山。呜呼！何时眼前突兀见此屋，吾庐独破受冻死亦足！"如今，在恢复重建的茅屋故居中，一尊花岗石雕像伫立道旁，杜甫手握诗卷，凝神沉思。而南来北往的人们，还在继续讲述着1300多年前，一个风雨交加夜晚的草堂故事。

题咏，浣花流韵的延续

杜甫离开了，而他浣花溪边的旧宅，成了后世诗人心中的一段情结，前来寻访他诗踪遗迹的追随者络绎不绝：岑参、郑谷、韦庄、宋祁、苏轼、陆游、虞集、杨慎、王嗣奭、张问陶……在诗歌的历史上，再没有哪一位诗人，具有杜甫那样深刻而广泛的影响力。他既是前代诗歌的集大成者，又是后代诗歌源流的开启者。尊杜成为中国诗歌的正统。成都草堂成为诗歌的圣地，受到历代文人墨客的瞻拜。后世很多诗人在草堂留下了吟咏成都、缅怀诗圣的诗作。中唐诗人张籍送人入蜀，特意作诗叮嘱朋友："行尽青山到益州，锦城楼下二江流。杜家曾向此中住，为到浣花溪水头。"诗人雍陶在《经杜甫旧宅》中写道："浣花溪里花多处，为忆先生在蜀时。万古只应留旧宅，千金无复换新诗。"可以说是深情向往与衷心推崇之意溢于言表。所有这些后来的咏怀之作，共同拥有一个美丽的名称——"浣花诗"。浣花溪从雪山发源，从远古文明中流出，曾经滋养了颠沛流离的诗人疲惫的身心，它还在继续滋养着诗人身后的草堂，滋养着草堂的灵秀诗意。浣花溪水是草堂之魂，它为园林带来生机，使诗笔饱含情意，它让所有前来瞻拜诗圣的人们接受精神的洗礼。

徜徉在草堂的诗情画意之间，诵读着先贤那些余香袅袅的诗句，品味着笔精墨妙的一副副楹联、一幅幅匾额，体会其中的浪漫才情和深长寄托，我们看见时代远去的背影。正是这样一些渐行渐远的身影，承继着浣花草堂的一脉斯文。

当雪山隐去英姿，当江流不再澎湃，当生命化为沉寂，而一座在风雨中飘摇破败的茅屋，却昭示出越来越强大的生命力。以中国辽阔的疆域、悠久的历史，名胜古迹多不胜数。而没有其他哪一处建筑，像杜甫草堂那样，深刻地影响着中国文人的归属感、负重感和使命感，让历朝历代的文人们如此长久地系念，让普天下的寒士们为之倾心和迷醉。明知道它的原迹早已不复存在，古往今来仍然有那么多文人墨客，执着地要来这里，探一探那废墟上的掌故，寻一寻那衰草中的诗情，觅一觅那花影间的心香，奠一奠那风雨里的诗魂。"微斯人，吾谁与归？"你不由感到，即使是登临所有的名楼，拍遍天下的栏杆，还是要数这座简陋低矮的茅屋，才是心灵深处真正仰止的高山。

千秋诗圣

杜甫的人生历程

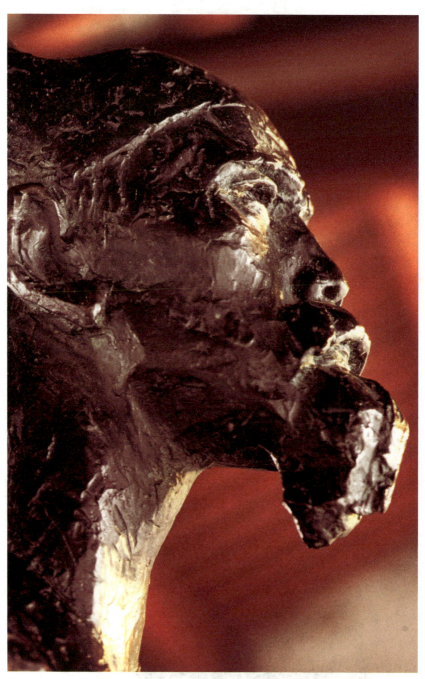

《自京赴奉先县咏怀五百字》："杜陵有布衣，老大意转拙。许身一何愚，窃比稷与契。"

一、家　世

　　杜甫于唐玄宗先天元年（712 年）诞生在今河南省巩义市南瑶湾村。杜甫的远祖是西晋时期的名将杜预，他不仅战功显赫，被封为当阳县侯，还曾为《左传》作注。杜甫的祖父是初唐著名诗人杜审言，以律诗见长，与李峤、崔融、苏味道齐名，被称为"文章四友"，官至膳部员外郎、修文馆学士。这光荣的出身令杜甫引以为傲。用他自己的话说，就是"奉儒守官，未坠素业"（《进雕赋表》）。杜甫的父亲杜闲做过兖州司马、奉天县令。母亲出于清河崔氏，属于魏晋至隋唐时期的名门大族。杜甫出生时，家道已大不如昔。杜甫很小的时候他的母亲就去世了，他是被寄养在洛阳姑母家长大的。杜甫的姑母对他很好，使他从小受到良好的教养。少年杜甫也表现出聪颖的天资和出众的才华，小小年纪，他的诗文已经引起洛阳名士的关注。"七龄思即壮，开口咏凤凰。""往昔十四五，出游翰墨场。斯文崔魏徒，以我似班扬。"（《壮游》）"读书破万卷，下笔如有神。"（《奉赠韦左丞丈二十二韵》）这是童年和少年杜甫非凡志向和才华的真实写照。

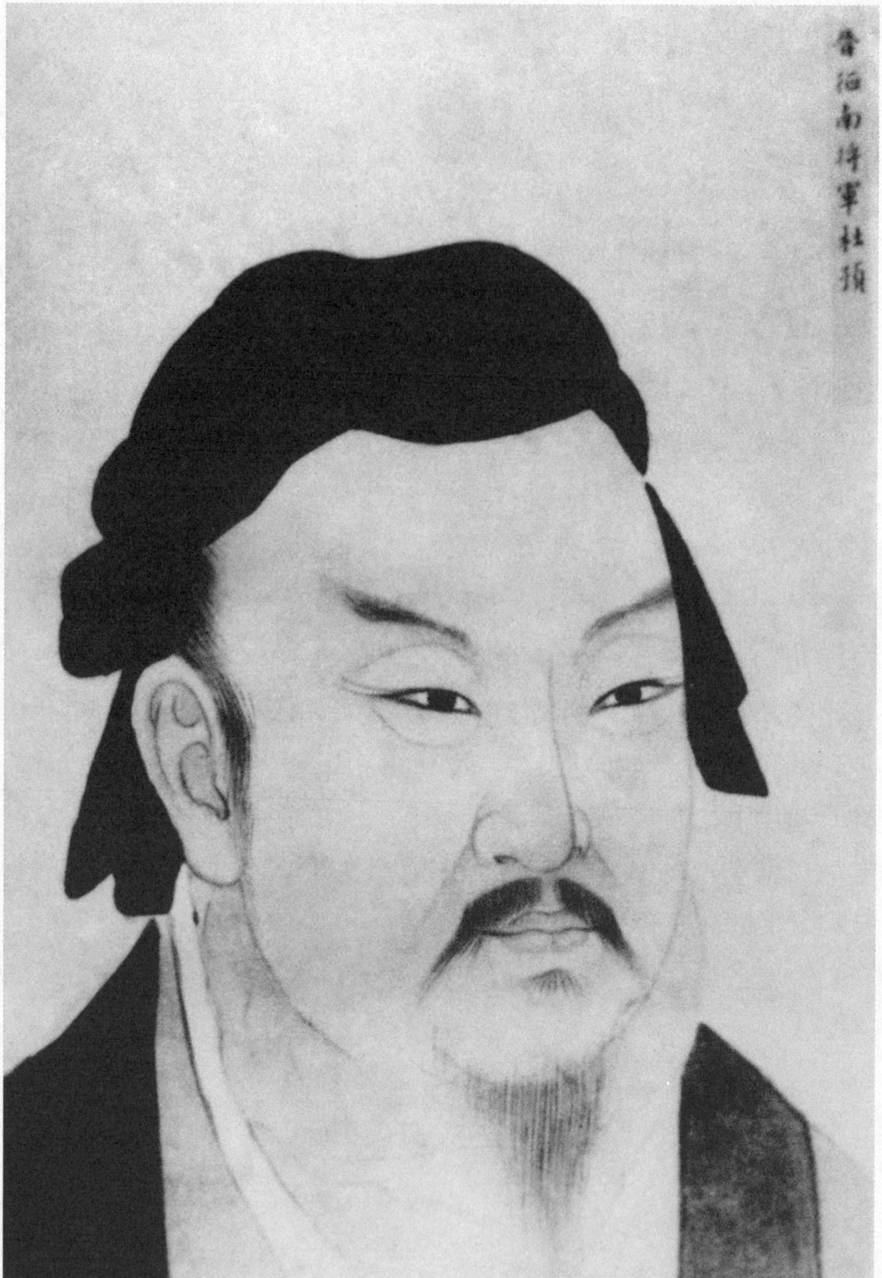

杜预像

"杜甫故里"碑

河南巩义笔架山杜甫诞生窑

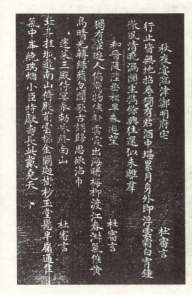

杜审言诗集

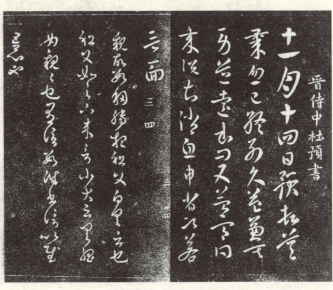

杜预书法

《望岳》 潘天寿 绘

二、壮　游

　　从唐玄宗开元十九年（731年）至天宝四载（745年），为增长见识，开阔胸襟，结识名流，杜甫几次漫游，历时十余年。先是游吴越，他到过金陵、姑苏、鉴湖、兰亭，泛舟剡溪，直至天姥山下。"东下姑苏台，已具浮海航。到今有遗恨，不得穷扶桑。"开元二十三年（735年），回洛阳应进士考试，落榜。杜甫不以为意，第二年，又开始游齐赵。"放荡齐赵间，裘马颇清狂。春歌丛台上，冬猎青丘旁。"（《壮游》）开元二十九年（741年），杜甫筑居于洛阳与偃师之间的首阳山下，娶杨氏为妻。天宝三载（744年）初夏，33岁的杜甫与44岁的李白在东都洛阳相会，这是中国文学史上的一件大事。正如闻一多先生所写的："我们四千年的历史里，除了孔子见老子（假如他们是见过面的），没有比这两人的会面更重大、更神圣，更可纪念的。"李白、杜甫、高适共游梁宋、齐鲁，寻道访友，谈诗论文，结下深厚友谊。开元盛世之日，是唐王朝乃至整个中国封建社会发展的巅峰时期。政治清明，社会安定，经济发达，百姓富庶。受到盛世气象的感召，杜甫尽情抒发报效国家、建功立业的青春豪情。杜甫早期登临之作，意气昂扬，充分展现了诗人志存高远的壮阔胸襟。传说孔子登泰山而小天下，杜甫的《望岳》中"会当凌绝顶，一览众山小"的诗句，也表达了与前贤一样的壮志和宏愿。

李杜索句图　张大千　绘

三、长安十年

从天宝五载（746年）至十四载（755年），杜甫在都城长安度过了困顿的十年。长安是当时的政治、经济、文化中心，名流荟萃，冠盖云集。杜甫到长安，当然是想要寻找成功的机会。但是，要想有所作为，远非想象的那么容易。天宝六载（747年），唐玄宗诏征天下有一技之长的人到京应试，杜甫参加了这次考试。但宰相李林甫专权，不愿意延揽人才，应试者无一入选，李林甫上表皇帝称"野无遗贤"，断了天下学子科举入仕的念想。这第二次考试不第，使杜甫深受打击，非常灰心。要在长安立足，只有另谋出路。杜甫想到的办法，就是"干谒"，也就是结交权贵，求得推荐。天宝十载（751年），玄宗皇帝举行三个盛大的典礼，即祭祀"玄元皇帝"老子、祭祀太庙和祭祀天地。杜甫进献"三大礼赋"，辞采富丽，气象壮伟，颇得玄宗赏识，命宰相试文，"待制集贤院"，也就是等待分配工作。不料久等没有结果，也许上面早就忘了这件"小事"。杜甫于是又不断地投诗权贵，希望自己的诗才得到重视和推荐，但事与愿违。为了生存，杜甫不得不过着"卖药都市，寄食友朋"（《进三大礼赋表》）的生活，所谓"朝扣富儿门，暮随肥马尘。残杯与冷炙，到处潜悲辛"。（《奉赠韦左丞丈二十二韵》）直到天宝十四载（755年），已经43岁的杜甫才得到一个右卫率府胄曹参军的卑微官职。职位为正八品下，任务是看守兵甲器具、管理门禁钥匙之类。这当然与他"致君尧舜上，再使风俗淳"的理想抱负相去甚远。

其时已是"安史之乱"的前夕，唐朝各种社会矛盾日益突出，朝廷政治的颓废腐败已经成为人所共知的事实。命运将杜甫推向社会生活的底层，使他对社会的不公有着真切的体察，对于民生之苦难感同身受。先后写出了《兵车行》《丽人行》

《丽人行》 朱梅村 绘

《自京赴奉先县咏怀五百字》等划时代的杰作。无论是思想性还是艺术性，杜甫都超越了同时代的任何一位诗人。"朱门酒肉臭，路有冻死骨"（《自京赴奉先县咏怀五百字》）是对腐败现实的血泪控诉，直指人心，警策千古。

四、辞官流亡

天宝十四载（755年）末，安禄山在范阳起兵，很快攻陷洛阳、长安，史称"安史之乱"。杜甫在长安沦陷前一个月，被迫带着家小，加入逃难的队伍中。从奉先到白水，再到鄜州，一路在起伏不断的荒山穷谷间亡命奔波。多亏途中亲友照顾和接济，才得以暂保平安。杜甫打听到玄宗逃往西蜀，中途经马嵬之变，杨贵妃被赐死，肃宗在灵武即位。杜甫于是将家眷安置在鄜州羌村，只身返回被叛军占领的长安，写下了著名的《春望》：

> 国破山河在，城春草木生。感时花溅泪，恨别鸟惊心。烽火连三月，家书抵万金。白头搔更短，浑欲不胜簪。

至德二载（757年）四月，杜甫冒着生命危险逃出长安，奔赴凤翔拜见肃宗。"麻鞋见天子，衣袖露两肘。"（《述怀》）肃宗颇为嘉许，授杜甫为左拾遗。这是一个从八品的谏官，虽然品级不高，但属于很接近皇帝的近臣，也是杜甫仅有的一次得以在朝廷权力中心任职的经历。如果杜甫察言观色，小心应对，他的政治前途还是很值得期待的。而杜甫生性耿介，并不善于官场周旋。对于自己与肃宗皇帝的关系，他也许过于理想化，也过于书生气。就在上任的头一个月，杜甫就因为"见时危急"，上疏试图营救被罢相的房琯，触怒肃宗，受到审讯，几被刑戮，从此受到冷遇。次年（758年）五月，杜甫受到肃宗朝新贵与玄宗朝旧臣之间政治斗争的牵连，出为华州司功参军，自此与长安渐行渐远。杜甫对政治感到失望，立秋后毅然弃官，西去秦州。住了不到四个月，又赴同谷。停留一个月后，走上艰难的蜀道，乾元二年（759年）冬，到成都。

天水南郭寺

杜甫《秦州杂诗》其十二：
山头南郭寺，水号北流泉。老树空庭得，清渠一邑传。
秋花危石底，晚景卧钟边。俯仰悲身世，溪风为飒然。

成县草堂与凤凰台

杜甫《凤凰台》：

亭亭凤凰台，北对西康州。西伯今寂寞，凤声亦悠悠。
山峻路绝踪，石林气高浮。安得万丈梯，为君上上头。
恐有无母雏，饥寒日啾啾。我能剖心出，饮啄慰孤愁。
心以当竹实，炯然无外求。血以当醴泉，岂徒比清流。
所贵王者瑞，敢辞微命休。坐看彩翮长，举意八极周。
自天衔瑞图，飞下十二楼。图以奉至尊，凤以垂鸿猷。
再光中兴业，一洗苍生忧。深衷正为此，群盗何淹留。

《发秦州》 伍瘦梅 绘

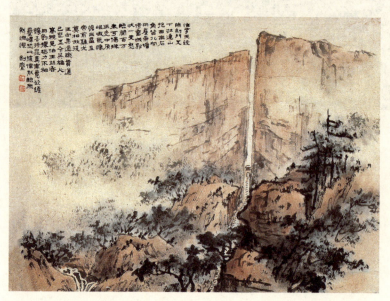

《剑门》 伍瘦梅 绘

杜甫诞生一千二百五十周年纪念 敬绘遗像 壬寅仲秋 兆和

杜甫像 蒋兆和 绘

政治失意与现实灾祸，仿佛一双看不见的推手形成巨大的合力，将杜甫的身体和情感推向苦难的现实，而越来越远离政治的无谓周旋。作为诗人的杜甫听到了自己内心越来越强烈的呼唤，他决定听从内心的呼唤，于是毅然辞去官职，踏上从长安到秦州，由蜀道入四川，漂泊西南的漫漫征程。

关于杜甫为什么要离开长安，历来研究者有很多说法。有的说是政治失意，有的说是时局动荡，有的说是关辅饥荒，都不无道理。但是笔者更愿意相信，最根本的原因一定在于杜甫的内心。其实，流浪是诗人的天性，杜甫人生的历程总是对应着他的心路历程。流浪意味着不断接触新的人和事，增加生活的阅历；不断堆积情感，寻找新的灵感。而文明交流与碰撞，总能够在杜甫那里迸发出耀眼的火花，他的诗歌创作由此又呈现出新的境界。

唐代是中国封建社会的顶峰，而"安史之乱"是唐朝由盛转衰的分水岭。战乱持续八年之久，它对社会、政治、经济的破坏是空前的。时局的动荡，人民的离乱，如风行草偃，使每个家庭和个人都牵涉其中，难以幸免。诗人也是这样，在此之前，李白等盛唐诗人随着国运往高处走，所以他们的诗篇抒发着青眼高歌的豪情，洋溢着蓬勃向上的生气。而杜甫经历了唐朝江河日下的时代，他的目光从天上回到人间，于是他看到了乾坤疮痍、民生疾苦。如李白那样纵情诗酒、长风万里似的盛世豪情和青春情怀已难再有。"安史之乱"中的诗人，只有杜甫在发声，直面这场劫难。杜甫所见所感，尽是国家多难，民生多艰。杜甫的伟大之处，在于他把个人的命运、情感与时代的兴衰、百姓的疾苦紧紧相连。他的诗笔越来越沉郁，描绘越来越真切。就如同那个动荡时代一幅徐徐展开的社会生活画卷，既是诗歌，更是"诗史"。

五、漂泊西南

唐肃宗上元元年（760年）至唐代宗大历五年（770年），杜甫在蜀中生活了八九年，在荆湘生活了两三年，创作存世的诗歌1000多首，占现存杜诗总数的三分之二以上，许多作品都被后世广为传诵。《蜀相》《春夜喜雨》《登楼》《茅屋为秋风所破歌》《闻官军收河南河北》《旅夜书怀》《秋兴八首》《咏怀古迹五首》《又呈吴郎》等诗作，不但是杜诗中最优秀的代表之作，也堪称中国诗歌史上最伟大的篇章。从乾元二年（759年）冬到永泰元年（765年）五月，杜甫在成都先后居住了五年，其中在草堂生活的时间加起来共三年零九个月。在杜甫晚年漂泊生涯中，这是一段

《阁夜》 贺天健 绘 　　　　　　　　《风疾舟中伏枕书怀》 　　　　　赵蕴玉 绘

短暂安定的时光。上元二年（761年）岁末，严武出任成都尹兼御史中丞。作为杜甫的故交，严武和任蜀州刺史的高适给了杜甫必要的帮助。唐代宗宝应元年（762年）七月，严武奉召入朝。剑南西川兵马使徐知道乘机叛乱，杜甫避乱梓州、阆州。广德二年（764年）春，严武又被任命为成都尹兼剑南东西川节度使，三月杜甫重回成都草堂。严武举荐杜甫为节度参谋检校工部员外郎。于是杜甫入严武幕府，住了几个月，实在是不习惯幕府生活，又回到草堂。永泰元年（765年）五月，杜甫举家离开成都，乘船东下。九月到达云安，次年暮春，迁往夔州，居住了近两年。因夔州气候恶劣，无所依靠，生计很艰难。大历三年（768年）正月，杜甫启程出峡。三月到江陵，经公安，走走停停，年底到达岳阳。大历四年（769年）至大历五年（770年），是杜甫生命中最后两年，诗人北望无路，疾病缠身，居无定所，穷愁潦倒，他往来于岳阳、长沙、衡阳、耒阳之间，大部分时间在船上度过，老病飘零，十分凄

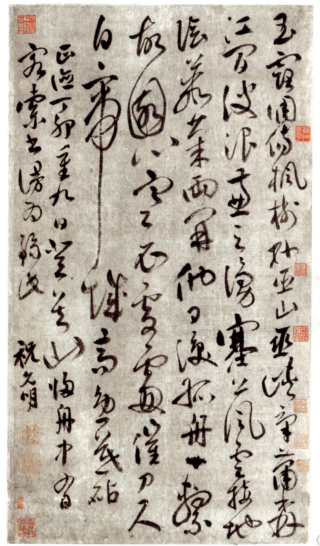

《秋兴八首》之一　祝允明　书

惨。大历五年（770年）冬，贫病交加的诗人杜甫在湘江一叶小船上离开人世，终年59岁。他的绝笔诗题为《风疾舟中伏枕书怀呈湖南亲友》，诗中写道："战血流依旧，军声动至今。"

草堂岁月

杜甫在成都草堂的生活与创作

乾元二年（759 年）冬，成都西郊浣花溪畔的一座古寺迎来了一位年近半百的沧桑旅者，他就是诗人杜甫。

杜甫曾用"翳翳桑榆日，照我征衣裳"的诗句来描述成都冬季薄雾蒙蒙的天气，这种自然形成的气候特征千百年来不曾改变，当地人早就习以为常，见惯不惊。对于杜甫而言，这方水土和人民带给他的第一印象都是新鲜的。而他的内心并不是一味地欣喜，就在前些年他遭遇了人生的巨大变故。

唐天宝十四载（755 年），范阳、平卢、河东节度使安禄山及其部将史思明拥兵叛乱，这场旷日持久的"安史之乱"，最终将盛极一时的唐朝拖向了衰落的深渊。乾元二年（759 年）七月，时任陕西华州小吏的杜甫正处于政治上极度失意的困境中，理想幻灭，灾祸连年，无奈之下只得携家室西去秦州（今甘肃天水）开始了他漂泊西南的艰辛生活。崎岖的蜀道并没有阻止杜甫南下的脚步。乾元二年（759 年）岁末，一路跋涉的杜甫终于站在了成都的土地上，"我行山川异，忽在天一方。但逢新人民，未卜见故乡"。

成都位于四川盆地西部，是中国西南的经济中心与交通枢纽。距今已有 3000 多年的历史。这里气候温润、物产丰富，自汉代以来便被誉为"天府之国"。得天独厚的地理位置和积淀深厚的文化底蕴，使这座城市成为中国久负盛名的历史文化名城。正是因为地处西南而且自身条件优越，成都成为 1200 多年前中国版图上少遭兵祸的地方之一。成都是唐朝最为繁华的城市之一，当时就有"扬一益二"的说法。

安史之乱，天下残破。身处战乱，尝尽了世间悲辛的杜甫，在这里看到的却是"曾城填华屋，季冬树木苍。喧然名都会，吹箫间笙簧"的繁华景象，饱受离乱之苦的诗人希望能在成都安定下来。初入成都的杜甫暂住在成都西郊的一座古寺里，"古寺僧牢落，空房客寓居。"在晨钟暮鼓中，静养人生羁旅的疲惫与创伤。"故人供禄米，邻舍与园蔬"的生活也使他暂时告别了"无食"的窘境。成都的友人慷慨相助，邻里待人热情和善，杜甫感到久违的温暖，他很快喜欢上了成都这个地方。他想让朋友帮助他找一块地，定居下来。

转眼间，杜甫迎来了他在成都的第一个春天，这也许是杜甫这些年来看到过的最美的春天：

> 浣花溪水水西头，主人为卜林塘幽。已知出郭少尘事，更有澄江销客愁。无数蜻蜓齐上下，一双鸂鶒对沉浮。东行万里堪乘兴，须向山阴上小舟。

诗中所描写的成都郊外浣花溪畔的这处幽静之地，便是成都友人为杜甫选定营

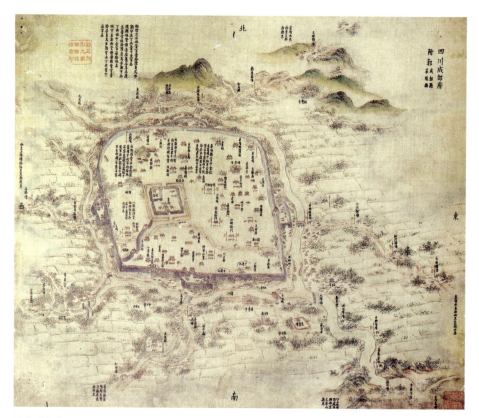

清代成都府图

建住所的地方。诗歌题为《卜居》，古人用火烧龟甲以推
测行事的凶吉称为"卜"。后来的人称选择住地为"卜居"。
从诗名中的"卜"字，不难看出杜甫对于择居一事的重视，
也能从诗中感受到杜甫因得到这样一个安静的栖身之处而
生出由衷的喜悦。

　　这一年的暮春，在成都亲友的帮助和杜甫的悉心经营
之下，住所终于建成。要营建一座草堂，对于穷困中漂泊
的诗人来说，不是一件容易的事情。好在杜甫得到了许多
亲友的帮助。选好的地盘是由成都尹裴冕买来送给他的；
造屋的资金由杜甫的表弟王司马赞助；随后又得萧实、韦
班、何邕、徐卿等友人相赠花果树木和生活用具。杜甫在
成都还有两个最重要的朋友，当时任彭州刺史的高适和剑
南东西川节度使严武，他俩在很大程度上负担了杜甫一家
的生活开销。特别是严武，地位既高，而生性暴躁，难以
容人。他对杜甫却有深情厚谊，帮助尤多。所有的这些人
和事，杜甫都一一记录在他的诗歌里，流传后世。往事已
成陈迹，那些曾经给予诗人帮助的人，也许当时并没有
意识到自己积了多么大的功德，他们在杜甫的诗歌中得以
不朽。

　　杜甫建成草堂后，作了一首《堂成》诗，他说"桤林
碍日吟风叶，笼竹和烟滴露梢。暂止飞乌将数子，频来语
燕定新巢"。既是咏物写景，也是诗人自况，安居的喜悦
跃然纸上。如此高明的诗笔，似随手拈来而不动声色，怎
不令后来人赞叹唏嘘！穷困的诗人建起的自然不是深宅大
院，只不过是几间普通的茅草屋罢了，但就是这几间普通
的茅草屋也让他感到满足。也许是由于生活所迫，也许是

《成都府》　沈尹默　书

出于内心驱使，诗人这些年的生活，回想起来就如同一叶漂泊的孤舟。浣花溪畔的草堂使身心疲惫的杜甫终于暂时有了一个靠岸的地方。只可惜这样的日子，对于一生漂泊的诗人而言，实在是太少太少而弥足珍贵。

杜甫在成都有了安身之处。草堂周边优美宜人的自然环境和恬淡适意的生活状况，让久经离乱的杜甫得以暂时舒缓疲惫的身心。

在这里，诗人放缓了匆匆赶路的脚步，得以静下心来，沿江信步，曲径探幽。他细心地体味着无边风物、万物生灵的美好情韵，安享一家团聚的天伦之乐。"清江一曲抱村流，长夏江村事事幽。自去自来堂上燕，相亲相近水中鸥。老妻画纸为棋局，稚子敲针作钓钩。但有故人供禄米，微躯此外更何求？"这是杜甫在《江村》中所描绘的在草堂闲适生活的图景。诗歌写得潇洒流畅，栖息自足之情溢于言表。这样美满幸福的生活画面，不知感动过后世多少读书人，千载之下，令人神往。

成都接纳了浪迹天涯的杜甫，给予他漂泊生活中难得的安适与温情。而杜甫也在有意无意之中，给成都留下了深深的印记。

杜甫寓居成都草堂的将近四年时间，是他一生中难得的安定时期。诗人可以静下心来，仔细品味生活，享受闲暇时光，他观察和描写生活的视角与心态也就有别于其他时期。成都温润宜人的气候，草堂清新自然的景色，滋润了杜甫灵秀的诗心。作为一个外乡人，来到成都，杜甫说"我行山川异，忽在天一方"。这里与中原迥然不同的气候及风土人情，给予诗人的感受是新奇而强烈的，他的诗歌风格为之一变。在成都生活的近四年，杜甫创作甚丰，杜甫流传至今的240多首草堂诗作，充分地反映了诗人此际的生活情趣、精神风貌、内心世界和审美理想，其中田园风味诗歌创作为杜甫诗歌题材拓展出新的天地。就在草堂，杜甫写下了吟咏成都最好的一些诗作。《水槛遣心》写浣花溪风光："澄江平少岸，幽树晚多花。细雨鱼儿出，微风燕子斜。"透过草堂诗歌的恬美意境，杜甫展现出的是安居生活的幸福感和体物精微的愉悦之情。平平常常的诗作也就显得格外情韵悠长，弥足珍贵。

成都安定的生活使杜甫暂时停下了奔波的脚步，他终于有一个宁静的空间来梳理自己大半生的坎坷经历："忆年十五心尚孩，健如黄犊走复来。"在《百忧集行》

《成都府》："翳翳桑榆日，照我征衣裳。我行
山川异，忽在天一方。但逢新人民，未卜见
故乡。大江东流去，游子日月长。"

一诗中杜甫怀念起自己无忧无虑的童年，年轻时的杜甫也曾壮志凌云，挥笔写下"会当凌绝顶，一览众山小"的豪迈诗句。而如今自己漂泊西南，身同沙鸥，回望逝去的岁月空留无尽惆怅。

在与草堂邻里的接触中，他对下层民众的淳朴心性有了更深入的理解，"肯与邻翁相对饮，隔篱呼取尽余杯"等诗句表现出杜甫在草堂与邻里之间那份真挚的友情，性格直率的杜甫在世俗的官场中屡受打压，却在友善的邻里和下层民众身上感受到了率性和真诚。这是成都带给诗人内心特别的温暖，而杜甫回馈成都的，是 240 多首清新俊逸、细腻温润的诗篇。

杜甫对田园生活的描写，也以这一时期诗作为代表。

《卜居》《堂成》《为农》《田舍》《水槛遣心》等诗作反映了在经历动荡漂泊的

《江村》 刘旦宅 绘

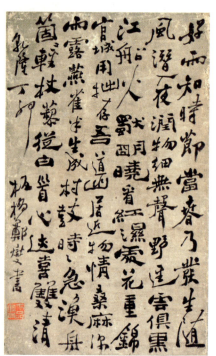

《春夜喜雨》《屏迹三首》之一 郑燮 书

艰辛后，杜甫终于找到新的归宿的适意和满足。草堂一带环境清幽，生活条件优越，杜甫在草堂安定下来后，过着娴静的田园生活，得以仔细品味自然佳趣，享受难得的天伦之乐。

《狂夫》《江村》《野老》《南邻》《客至》等诗作表现杜甫安定闲适的生活，家人团聚、邻里友善、朋友来访，诗人尽情享受生活的欢愉，诗歌带有田园情调。杜甫诗中提到的草堂花木有桃、绵竹、桤木、松、梅、樱桃、楠木、棕、柏、橘、荷、丁香、栀子、丽春、芙蓉、榉柳、枇杷、翠柳、红蕖等。

《春夜喜雨》是杜甫描写成都生活的代表之作。

好雨知时节，当春乃发生。随风潜入夜，润物细无声。野径云俱黑，江船火独明。晓看红湿处，花重锦官城。

《野老》：
"野老篱边江岸回，柴门不正逐江开。"

茅屋为秋风所破歌

八月秋高风怒号卷我屋上三重茅茅飞渡江灑江
郊高者挂罥长林梢下者飘转沈塘坳南村羣童欺我老
无力忍能對面為盗贼公然抱茅入竹去唇焦口燥呼不
得归来倚杖自歎息俄顷風定雲墨邑秋天漠漠向昏
黑布衾多年冷似鐵嬌兒惡卧踏裹裂床頭屋漏無乾處
雨脚如麻未斷絕自經喪亂少睡眠長夜沾濕何由徹安得廣
厦千萬间大庇天下寒士俱歡顏風雨不動安如山嗚呼何時眼
前突兀見此屋吾廬獨破受凍死亦足

乙未九秋
謝无量書

《茅屋为秋风所破歌》 谢无量 书

诗人体物精微，抓住了成都地区春雨的特点，笔触细腻而意境开阔，充溢着动人的情韵，堪称描写成都最美的诗篇。

杜甫还吟咏了成都的许多历史传说和文化古迹，他写到蜀王杜宇、开明，写到蜀人治水、相如琴台、丞相祠堂……写诸葛亮的《蜀相》，更是千古传诵的名篇，"三顾频烦天下计，两朝开济老臣心。出师未捷身先死，长使英雄泪满襟"。其中所贯注的历史使命感、道德和人格的光芒，至今让人高山仰止。《登楼》诗"锦江春色来天地，玉垒浮云变古今"在写景中蕴含深沉的历史忧患，寥寥数语展现出巨大的时空转换，难怪后人会由衷地赞叹他"高、大、深俱不可及"。

岷江水自西边的千年雪山中蜿蜒而下，滋养着成都平原千里沃野，天府之国。山川形胜，气候宜人。"锦江春色来天地"，是对成都最好的写照。而1200多年前，杜甫在写下这诗句的时候，他眼里看到的，可不只是美丽与丰饶。

诗中提到西岭即在四川境内的岷山附近。在岷山以西聚居着羌族与藏族的一些部落。"安史之乱"爆发后，唐朝国力渐衰，对于偏远地区的防范日益松懈，这些部落乘机屡犯蜀地，掠夺粮食财物。战乱虽然还未波及成都，但天下动荡，家国残破，哪里能有永久的乐

《江亭》 蒲华 绘

草堂岁月 吴为山 塑

土？置身富足安宁的成都，杜甫对朝廷与百姓安危的深深忧虑一如既往未曾稍减。

成都平原土地肥沃，自从有了都江堰，千百年来水旱从人，不知饥馑。但杜甫关注的不仅是眼前一派丰饶美丽的景象，更看到了美景背后潜藏的危机。

花近高楼伤客心，万方多难此登临。锦江春色来天地，玉垒浮云变古今。北极朝廷终不改，西山寇盗莫相侵。可怜后主还祠庙，日暮聊为梁甫吟。

诗人本想登上高楼排解心中的烦闷，看到满眼的春色却越发勾起满腹愁思。锦江的美景从天边延绵而来，历览古今，边患如玉垒山的浮云变幻莫测。诗人衷心祈望，唐朝永远屹立不改，西边的吐蕃不要再来无休止地侵扰。伫立楼头，暮色中的先主庙、后主祠依稀可见，蜀汉败亡的历史如在昨日，世间再无诸葛亮那样的贤臣。这是广德二年（764年）春，国家万方多难，朝廷内外交困。流落成都的杜甫，登楼远眺，思接千载。

三国时期蜀汉丞相诸葛亮是杜甫极为推崇的一位历史人物。可以说，杜甫是诸葛亮的千古知音。诸葛亮一生追随刘氏父子，是蜀汉的开国功臣。治蜀期间，他济世爱民，励精图治，一心要让蜀汉完成统一天下的大业，最终因积劳成疾而病故于出征途中。杜甫对诸葛亮的济世之才十分敬仰和推崇，在成都的生活稳定后，便常去武侯祠凭吊。"三顾频烦天下计，两朝开济老臣心。"诸葛亮生逢其时，幸遇明君，得以一展抱负，经世致用，建立不朽功业。可以说，在诸葛亮身上，寄托了杜甫以及许许多多后世读书人的政治理想。杜甫对诸葛亮的高度评价，带着强烈的感情投射，引起后人广泛的共鸣，被推为千秋定评。"出师未捷身先死，长使英雄泪满襟"这流传千古的名句，抒发了杜甫对于诸葛亮终未功成而身先死的惋惜之情，千百年来有多少有志之士都为之感慨落泪。

青城山位于成都以西，古称丈人山，全山林木青翠，四季常青，诸峰环峙，状若城郭，故名青城山。这里是中国道教的发源地之一，它幽静的环境为历代文人墨客所推崇。山中秀丽的自然风光仿佛可以使人忘却尘世的烦恼。道教主张的清静无为，亲近自然，强调个人修炼与追求自我完善的思想也影响了杜甫。"自为青城客，不唾青城地。为爱丈人山，丹梯近幽意。"杜甫在《丈人山》一诗中除了赞叹青城山的自然风光外，还流露出托身此山幽栖的愿望，他渴望随云远去，摆脱尘世的烦恼。早年杜甫曾随李白一起游历山川，求仙访道。青城山中浓郁的道教氛围也使杜甫总能想到那位笃信道教的好友。自十多年前同游齐鲁之后，两人便未曾见过面了。但相同的理想、相似的命运使二人成为至交，如今消息断绝，杜甫很想念李白，并为他的安危担忧。

"不见李生久，佯狂真可哀。世人皆欲杀，吾意独怜才。"（《不见》）从杜甫对李白的评价可以看出，杜甫固有的价值判断是不随流俗的。在对文学、对诗歌创作的见解方面，杜甫是一个站在时代前列的孤独的先行者，他的文艺主张和诗歌创作并不能被当时的社会普遍理解和接受。在《戏为六绝句》这组论诗绝句中，杜甫谈到了他对"王杨卢骆"初唐四杰的肯定，认为"四杰"文学革新的历史贡献"不废江河万古流"。他还谈到自己对于当代文坛纤巧绮丽文风的批评，认为自己追求的诗歌境界应如碧海波涛，气象万千。"才力应难跨数公，凡今谁是出群雄？或看翡翠兰苕上，未掣鲸鱼碧海中。"正是基于这样一种在文学观上超越时代的自觉与自信，杜甫至死都没有停止过诗歌创作上的探索和革新。终于继李白之后，成就了唐代诗歌的又一座高峰。

杜甫在草堂最重要的作品是《茅屋为秋风所破歌》，正是这首诗让少陵茅屋永驻人心。秋风秋雨，对于成都人来说根本不值得一提，但对于杜甫而言，却是一场灾难。就在他登上青城山的那年秋天，一场秋天的暴风雨席卷草堂。苦心建起的草堂被秋风刮破，他的安乐之梦被冷雨摧残，杜甫痛心疾首。看到因寒冷而无法睡去的家人，杜甫万般无奈。面对凄凉窘迫的现状，杜甫只能通过诗歌来抒发痛苦和愁绪。即便是在如此无助的处境中，杜甫心中所想到的不只是一己之安乐，而是普天下老百姓共同的命运。诗人笔锋一转，大声疾呼："安得广厦千万间，大庇天下寒士俱欢颜，风雨不动安如山。呜呼！何时眼前突兀见此屋，吾庐独破受冻死亦足！"《茅屋为秋风所破歌》体现出杜甫推己及人的博大胸怀，历经千载仍被后世传诵，仁者大爱，精神不朽。

杜甫精神，就是以忧患意识、民本思想为基础，结合了我们传统文化中的各种美德而形成的一种仁民爱物、民胞物与的精神。仁民就是仁者大爱；民胞，老百姓是我的同胞；物与，万物都是我的朋友。直到今天，我们新时代的诗歌创作，杜甫精神还是在其中流淌。杜甫的生活、思想、品质、人格、诗歌艺术，在今天的现实生活中依然影响深远。

每年"人日"这天，是杜甫草堂最为隆重的日子。"人日"即农历正月初七，相传女娲在正月初七这天把人造了出来。古时文人之间有"人日"雅集，吟诗唱和的习俗。上元二年（761年）的"人日"这天，杜甫的蜀中好友高适写了一首《人日寄杜二拾遗》的诗给他。事过九年，杜甫离开蜀地漂泊湖湘，偶尔翻检旧物又看到了此诗。朋友此时早已亡故，睹物伤情，杜甫不禁泪流满面，提笔写下一首《追酬故高蜀州人日见寄》，表达对挚友沉痛的悼念之情。"人日唱和"传为诗坛千古一段佳话。从此人们每至"人日"，便云集草堂，缅怀诗圣，"草堂人日"成为成都重要的节日民俗。

杜甫在草堂时，成都友人严武也曾邀请他入幕府为官，出于友情难却，杜甫入府任"节度参谋检校工部员外郎"。在为官期间，杜甫不能常回草堂了，本已对仕途失去兴趣的杜甫，惦念的只是带给他安定生活的那间茅屋而已。不久便辞官回草堂去了。

永泰元年（765 年），严武去世。杜甫失去依靠，只得离开成都。离开心爱的草堂，杜甫知道自己的余生又将如白鸥般四处漂泊了。

对于草堂这个辛苦营建起来的家，杜甫充满了感情。如果不是因为好友严武突然去世，杜甫本打算在此为农终老。后来杜甫离蜀东去，还时常想念浣花溪畔的草堂。在《怀锦水居止》的结尾，杜甫感叹"惜哉形胜地，回首一茫茫"。实在是心有不舍。

如今杜甫营建草堂的西郊早已不是他初来时"诛茅初一亩""江村八九家"的景象了。这条昔日僻静的荒野江村如今楼盘别墅、文化园区林立。人们在这里汲取着这位唐代诗人精神的养分。浣花溪水流淌千年，脉脉地守望着溪畔的杜甫草堂。杜甫对于门前的这条河流描述很多。这条普通的河流也因杜甫而变得闻名遐迩。从"门泊东吴万里船""独立见江船""江船火独明"等诗句可以看出当年这里江阔水深，船舶如织。历经人事沧桑，物换星移，江河改道，如今的成都草堂，已难见"窗含西岭千秋雪，门泊东吴万里船"的景象。于是，人们不禁要问：现在的草堂遗址是当年杜甫营建草堂的位置吗？

2001 年，成都杜甫草堂进行地下管网改造，偶然发现了一处与杜甫同时代的唐代民居遗址，并出土一方唐碑及许多与寺庙有关的文物。碑文的记述印证了杜甫草堂的方位。碑文刻于垂拱年间，即 686 年前后，距杜甫当年来蜀地不足百年。而根据历史文献记载，杜甫当年住所不远处正有一座古寺。杜甫初到成都时，就寄居在这座古寺里。

唐昭宗天复二年（902 年）春天，在杜甫离开成都 137 年后，诗人韦庄来到了四川成都西郊浣花溪畔这片荒芜的土地上寻觅，终于找到了杜甫当年成都草堂旧居的"柱砥"。于是他便在此地重新修建起一间茅屋，"思其人而存其处"。诗圣杜甫在成都生活的三年零九个月，早已融入成都这座文化名城的历史记忆。成都的杜甫草堂，已经成为中国文学史上的一个独特标志。

自五代至宋、元、明、清，历史上经过十三次大规模修葺扩建，衍变成一处集纪念祠堂格局和诗人旧居风貌为一体的文化名胜。成为现今规模最大、保存最完好、最具知名度和代表性的一处杜甫纪念遗址。正如诗人冯至《杜甫传》所写的那样：人们提到杜甫时，尽可以忽略了杜甫的生地和死地，却总忘不了成都的草堂。1961 年，成都杜甫草堂被国务院公布为首批全国重点文物保护单位。

今天的杜甫草堂虽然是后人所建，但大都是根据杜甫富于田园风味的诗歌意境营造的。人们畅游其中，欣赏着古朴典雅的建筑和优美清幽的园林，感受这延续几千年的一脉斯文带给人们的心灵慰藉，并通过自己的方式解读着草堂隽永的诗意。

故居史话

杜甫去蜀后成都草堂历史沿革

任氏夫人与浣花祠

　　杜甫离蜀后，他在成都草堂的故居失去照料，日渐破败。大历年间，草堂的大部分被时任西川节度使崔宁的小妾任氏据为私宅。她在杜甫草堂旧宅的基础上，对屋宇楼台进行了扩建。原本"诛茅初一亩"的简朴居所，经过扩建和装修，成为颇具规模的郊外别业。与杜甫同时代的诗人岑参在《早春陪崔中丞同泛浣花溪宴》一诗中，对草堂扩建后的崔氏别墅有这样的描述："红亭移酒席，画舸逗江村。……花间催秉烛，川上欲黄昏。"任氏生前笃信佛教，这一点有些类似杜甫的姑母，杜甫也算是与佛有缘吧。早在南北朝时期，成都西郊就有一座草堂寺，它很有可能就是杜甫乾元二年（759 年）岁末初到成都时所寄居的古寺。后来，任氏后人舍宅为寺，称梵安寺。这梵安寺的一部分可能就属于古草堂寺，也就是清代草堂寺的前身。

　　崔宁本名崔旰，大历元年（766 年）任剑南西川节度使，大历三年（768 年）崔旰奉诏入朝，赐名崔宁。任氏本是浣花溪畔一民家女子，被崔宁纳为妾。大历三年（768 年）七月，泸州刺史杨子琳叛乱，其时崔宁入朝未还，任氏遣家资招募勇士，保卫了成都，百姓免遭涂炭，任氏因此获封冀国夫人。成都百姓为了纪念她，立祠于寺中祭祀，称浣花夫人祠。

韦庄与草堂

唐文宗大和元年（827年）进士、成都人雍陶曾作《经杜甫旧宅》一诗，描写了他所看到的草堂情形："万古只应留旧宅，千金无复换新诗。沙崩水槛鸥飞尽，树压村桥马过迟。"一派荒凉颓败的景象。唐僖宗光启元年（885年），进士郑谷游蜀地，曾寻访草堂旧迹。《蜀中》一诗写道："扬雄宅在唯乔木，杜甫台荒绝旧邻。"

唐昭宗天复元年（901年），诗人韦庄以左补阙宣慰两川，也就是代表朝廷到四川慰问。次年春，韦庄又应西川节度使王建之聘，为西蜀奏记，就留在了四川。唐亡后，王建称帝，国号蜀，史称前蜀。韦庄又在王建朝廷为官，官至吏部侍郎兼平章事。韦庄非常仰慕杜甫，在成都期间，他沿浣花溪多次寻访，找到杜甫草堂旧址。为了纪念杜甫这位前辈先贤，韦庄即命在草堂旧居遗址上重建茅屋，韦庄还将自己的诗词集命名为《浣花集》。韦蔼《浣花集序》记载：

> 辛酉春，应聘为西蜀奏记。明年，浣花溪寻得杜工部旧址，虽芜没已久，而柱砥犹存。因命芟葜，结茅为一室。盖欲思其人而存其庐，非敢广其基构耳……目之曰《浣花集》，亦杜陵所居之义也。

韦庄恢复重建草堂茅屋的举措影响深远，他开了后世维护诗圣草堂的先例。正是基于韦庄在晚唐五代之际对成都草堂遗址的确认，这块文学圣地才得以流传后世，延续至今。

雍陶《经杜甫旧宅》：
"万古只应留旧宅，千金无复换新诗。"

郑谷《蜀中》：
"扬雄宅在唯乔木，杜甫台荒绝旧邻。"

宋、元、明、清至今草堂沿革

韦庄恢复杜甫茅屋之后，不断有文人墨客前往凭吊，追怀先贤。而韦庄"思其人而存其处"的做法也为后来人所效仿。韦庄离世170年后的成都知府宋祁和赵抃还曾在诗文中记述了他们当时所见茅屋旧居和诗圣遗像的情形。

北宋神宗元丰年间（1078—1085），吕大防出任成都府尹。他在浣花溪畔梵安寺侧的废墟间找到残存的草堂遗址，只见"松竹荒凉，略不可记"。（《成都新刻草堂先生诗碑序》）于是吕大防重建杜甫草堂，并命绘杜甫像于壁上，供人瞻拜。哲宗元祐初，胡宗愈知成都府，主持录杜甫成都诗作刻石，嵌于草堂壁间。至此，在杜甫去蜀300余年后，成都杜甫草堂始具纪念性祠宇雏形。

南宋初，成都杜甫草堂再度荒废，诗碑损毁，画像剥蚀。南宋高宗绍兴九年（1139年），吏部尚书张焘知成都府兼安抚使，令僧人道安组织培修。这次培修，新建了亭台，新植竹柏，遍刻杜诗1400多首上石，立诗碑26通。草堂规模大为扩展，气象一新。

元代纽璘随元宪宗入蜀，官拜大监，是当时统率蜀地的最高长官。在他的倡议之下，杜甫草堂建立草堂书院，并为杜甫请谥"文贞"封号。至正二年（1342年），朝廷追谥杜甫"文贞"。

明初，太祖朱元璋的十一子朱椿受封蜀王，兴工重建草堂，并亲作《祭杜子美文》祭奠。明孝宗洪治十三年（1500年），四川巡抚都御使钟蕃、四川巡按御使姚祥倡议重修草堂。大学士杨廷和作《重修杜工部草堂记》。这次大规模的重建，增设了屋宇，重建了书院，并引水凿池，广植花木。奠定了后世草堂中轴线对称的多重院落布局基础。明朝历经276年，成都历任地方官多次培修草堂，对于诗歌圣地的保护与传承，功不可没。

明末，张献忠农民起义军入川，草堂毁于兵火。之后的清朝，康熙、雍正、乾隆、嘉庆朝均对成都草堂进行了重建和维修。要而言之，康熙年间的重建和维修，寻得明代何宇度所刻杜甫像原碑，并重刻一通。雍正十二年（1734年），康熙帝第十七子果亲王爱新觉罗·允礼，送七世达赖喇嘛还西藏，途经成都，拜谒草堂，题"少陵草堂"，后刻石立碑，至今犹存。乾隆四十三年（1778年），在川任职的杜甫后裔杜玉林倡议重修草堂，并设立草堂维修储备银。乾隆五十八年（1793年），四川总督福康安培修梵安寺及杜甫草堂，刻"少陵草堂图"。嘉庆十六年（1811年），四川总督常明、布政使方积等发起重修草堂。在工部祠旁塑陆游像配祀，并设岁修专款，命僧人专管，永护草堂。此为历史上最大规模重修，刻"杜公草堂图"传世。光绪十年（1884年）四川总督丁宝桢在草堂推行每年春秋两季祭拜杜甫之祭礼，并在工部祠塑黄庭坚像配祀。

到了中华民国后期，由于地方军阀混战，草堂成为军队驻地，禁止游人参观。祠宇门窗、亭榭水木均被拆毁，不

避风雨。工部祠内的杜甫塑像遭到日晒雨淋，不得已由草堂寺僧人给它戴上斗笠。所悬挂楹联匾对，尽被官兵取下当作柴火烧了。侥幸保存下来的，有福康安"销甲浣花"长联、何绍基"锦水春风公占却，草堂人日我归来"及吴棠集杜句"吏情更觉沧州远，诗卷长留天地间"三副原联。中华人民共和国成立以后，人民政府很重视杜甫草堂的保护。1952 年，草堂经全面整修后，正式对外开放。1954 年，成都市人民政府批准筹建杜甫纪念馆，于 1955 年 5 月 4 日正式开馆。从此，杜甫草堂的文物保护工作，包括园林养护和古建筑保护、书画版本收集整理等工作，进入一个科学、系统、可持续发展的阶段。经过数十年的不懈努力，如今的成都杜甫草堂，已经成为古建筑与园林交相辉映，人文景观与自然景观巧妙结合，既具有完备的博物馆展示功能，又具有诗人故居风貌的文化风景名胜。

1955 年，杜甫草堂纪念馆成立。1961 年，被国务院公布为首批全国重点文物保护单位。1985 年 5 月 4 日，杜甫纪念馆正式更名为杜甫草堂博物馆。2006 年，被国家旅游局评定为 4A 级景区。2008 年，被国家文物局评定为国家一级博物馆。2009 年，被国家古籍保护中心评定为全国古籍保护重点单位。

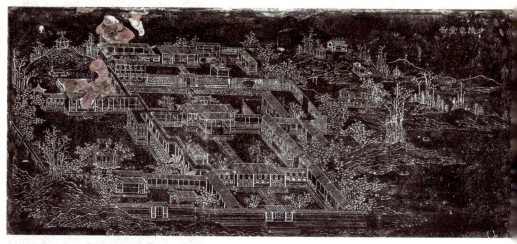

清乾隆五十八年（1793）刻《少陵草堂图》

杜甫草堂　吴一峰　绘

清嘉庆十六年（1811年）《杜公草堂图》　朱鼎　绘

草堂图　傅抱石等　绘

草堂览胜

杜甫草堂文物古建及园林景观

草堂正门

　　正门额"草堂"二字，系清世宗雍正十二年（1734年）果亲王爱新觉罗·允礼所题"少陵草堂"碑刻取"草堂"二字刻成。楹联出自杜诗《怀锦水居止》，1964年由马公愚补书。"万里桥"即成都老南门大桥，蜀汉时费祎出使东吴，诸葛亮在这里为他送行，说："万里之行始于此。"因而得名。"百花潭"指唐时百花潭，在今浣花公园南龙爪堰附近。杜甫《狂夫》诗中还写道："万里桥西一草堂，百花潭水即沧浪。"今天草堂所在的位置，与杜诗的描写是吻合的。

《卜居》："浣花溪水水西头，主人为卜林塘幽。"

《怀锦水居止二首》：

军旅西征僻，风尘战伐多。犹闻蜀父老，不忘舜讴歌。
天险终难立，柴门岂重过。朝朝巫峡水，远逗锦江波。

万里桥西宅，百花潭北庄。层轩皆面水，老树饱经霜。
雪岭界天白，锦城曛日黄。惜哉形胜地，回首一茫茫。

大 廧

大 廧

大　廧

　　步入草堂正门，迎面古木苍翠，浓荫如泻；曲水映带，石桥通连；水禽嬉戏，好鸟相鸣。一派林塘清幽的景象，如同走进了杜甫诗意之中。绿树掩映之下，一排宽敞的房廊静静铺开，这便是中轴线上的第二重建筑——大廧。

　　大廧，即官署，指古代官吏办公的场所。初建于清嘉庆十六年（1811 年）。杜甫一生胸怀大志，却不被重用，仕途失意。他做过唐肃宗的左拾遗，却因为直言犯谏而被贬谪，不久干脆辞官而去。后来流寓蜀中，被好友严武举荐为"节度参谋检校工部员外郎"，这些也不过是个挂名的虚衔。后人为他修建大廧，无非是想借此表达对诗圣的尊崇和景仰之情。大廧内悬挂着多副对联，尤以清代学者顾复初撰联最为脍炙人口："异代不同时，问如此江山，龙蟠虎卧几诗客；先生亦流寓，有长留天地，月白风清一草堂。"顾复初字子远，号幼耕，长洲（今苏州）人。学士顾元熙之子，拔贡生。咸丰末，何绍基督蜀学，邀襄校试卷，后纳资光禄寺典籍，入完颜崇实幕。同治年间改官光禄寺署正。历为吴棠、丁宝桢、刘秉璋幕僚。通辞章、擅楹对、工书画，光绪年间被推为蜀中第一书家。顾复初没有考取功名，流寓成都，历任四代幕僚，纵然才高八斗，终究难以一展抱负，身世际遇和杜甫颇有相似之处。故作此联以寄托感慨。借吟咏杜甫，既自恃才高，又自伤不遇，一唱三叹，而立意深远。郭沫若曾作长跋称赞其"句丽词清，格高调永"。深谙诗词之道的毛泽东同志也曾面对此联，沉思良久。顾氏原作已佚，今联为清末翰林邵章补书，并有向楚旁记。

　　大廧正中端坐着杜甫的铜像，他清瘦而孤傲，目光深邃而高远。杜甫之所以崇高，不在其地位与官衔，而在其精神与人格。他以瘦弱之躯体，心系着国家和人民的深重忧患；他以苦难的人生，谱写出中国文学史上芳华永驻的诗章。

诗史堂

　　穿过大廨，沿中轴线前行数十步，就是草堂纪念建筑群的主厅——诗史堂。杜甫的诗歌，生动地反映了"安史之乱"前后的社会现实，揭示了唐朝由盛转衰的历史，被称为"诗史"。诗史堂即由此而来。两边楹柱上，悬挂着叶恭绰补书的一副长联："诗有千秋，南来寻丞相祠堂，一样大名垂宇宙；桥通万里，东去问襄阳耆旧，几人相忆在江楼。"对联用典自然巧妙，咏诸葛亮与杜甫浑然一体，不露痕迹，堪称佳制。上联为沈寿榕出，下联为彭毓崧对。

　　诗史堂正中安放着刘开渠塑杜甫半身像。厅堂内悬挂着三副对联。朱德联为："草堂留后世，诗圣著千秋。"陈毅集杜联为："新松恨不高千尺，恶竹应须斩万竿。"郭沫若联为："世上疮痍，诗中圣哲；民间疾苦，笔底波澜。"言辞掷地有声，书法也各尽其妙。东西两壁，分别陈列着李白、杜甫全身泥塑，色彩沉着，须发可辨。

诗史堂回廊

　　诗史堂两端都有曲折回廊，连通着一、二陈列室及大廯，构成开阔而又相对封闭的庭院。回廊内外，竹树掩映，花木繁盛。特别是庭院中的梅花，有数百株之多，数十个品种，如春信、朱砂、江梅、宫粉、绿萼、杏梅等，更有"散绮""玉蝶""金钱绿萼""浸瓣朱砂台阁"等珍品。从隆冬到早春，草堂梅花次第开放，似锦如绮，云蒸霞蔚，暗香疏影，惹人流连。

　　梅花是杜甫草堂的代表性花木。杜甫流寓成都时创作了许多以梅花为题材的诗作，其中的《和裴迪登蜀州东亭送客逢早梅相忆见寄》以其委婉曲折、一往情深被推为"古今咏梅诗第一"。杜甫爱梅，而梅花凌寒怒放的英姿和傲然不迁的风骨恰好又成为诗圣人格的绝佳写照，所以草堂广植梅花，形成独特景观。

　　川西平原是我国梅花的主要产地之一，尤其成都地区种植梅花的历史非常悠久，从唐代至今，盛行不衰。陆游有诗云："当年走马锦城西，曾为梅花醉似泥。二十里路香不断，青羊宫到浣花溪。"想见一时盛况。可以说，四川梅花在成都，成都梅花在草堂。

"诗圣著千秋"陈列

　　诗史堂东西两侧廊道尽头，对称分布着一、二陈列室。第一陈列室位于诗史堂东边，在清代独立楼旧址上建成，紧邻花径，现为"诗圣著千秋"陈列。陈列之上篇"诗圣著千秋"介绍杜甫生平、交游及诗歌创作，分为"少年""漫游""在长安""左拾遗""漂泊西南""后世纪念"六个单元。

　　第二陈列室在诗史堂西面，清代依杜诗"椆木碍日吟风叶，笼竹和烟滴露梢"命名为露梢风叶之轩，靠近水槛，现为"诗圣著千秋"陈列下篇"草堂留后世"。陈列截取杜甫在成都草堂的一段生活和创作经历，着重讲述杜甫苦心营建草堂，杜甫的草堂诗作表现的精神世界，以及杜甫离开后草堂的兴衰演变。

《寒食》：
"寒食江村路，风花高下飞。汀烟轻冉冉，竹日净晖晖。"

《江梅》：
梅蕊腊前破，梅花年后多。绝知春意好，最奈客愁何。
雪树元同色，江风亦自波。故园不可见，巫岫郁嵯峨。

《野老》：
"野老篱边江岸回，柴门不正逐江开。"

柴 门

柴门在诗史堂之后，为中轴线上的第四重建筑。"柴门"原是杜甫营建草堂时所造院门，因其简朴低矮而得名，"野老篱边江岸回，柴门不正逐江开"。(《野老》)颇有些隐居田园的意味。杜甫幽居草堂的生活是散淡而低调的，对于别人的拜访，他谦虚地说自己"岂有文章惊海内，漫劳车马驻江干"。(《宾至》)他的自谦之词后来被明代文人何宇度稍加改动，变成了后人对诗圣杜甫的高度赞誉与无限景仰："万丈光芒，信有文章惊海内；千年艳慕，犹劳车马驻江干。"这就是今天悬挂在柴门上的对联，由陈云诰补书。"柴门"匾额为潘天寿手书。

工部祠

　　透过柴门，便可看见工部祠，这是草堂主体建筑的最后一重。杜甫在蜀时，曾做过严武幕僚，被举荐为检校工部员外郎。所以后世尊称其为杜工部，将纪念祠堂称为工部祠。"工部祠"匾额为叶圣陶所书。檐下悬挂着清代学者、书法家何绍基撰书的著名对联："锦水春风公占却，草堂人日我归来。"清咸丰四年（1854年）年初，时任四川学政的何绍基在果州（今南充）主考竣事后，返回成都，特宿于郊外，待到正月初七人日，才到草堂题就此联。隐隐有以杜甫后来者自许之意。此联一出，骚人墨客竞相效仿，每年人日雅集草堂，吟诗挥毫，凭吊诗圣，逐渐成了成都的风俗。工部祠还悬挂有王闿运撰、老舍补书联："自许诗成风雨惊，将生平硬语愁吟，开得宋贤两派；莫言地僻经过少，看今日寒泉配食，远同吴郡三高。"杜甫有"笔落惊风雨，诗成泣鬼神"句，此处借以赞杜甫。硬语愁吟指杜甫忧国忧民的诗篇和沉郁顿挫的诗风。宋贤两派：指学杜诗而卓有成就的宋代两位诗人，即黄庭坚开创江西诗派，陆游开创剑南诗派。黄庭坚、陆游被后人塑像配祀于草堂工部

祠内，就像宋时吴郡（今江苏吴江县）三高祠，祭祀越范蠡、晋张翰、唐陆龟蒙三位异代高贤。又有严岳莲撰、陈云诰补书联："歌吟成史乘，忠君爱国，每饭不忘，诗卷 遂成唐变雅；仁隐好溪山，迁客骚人，多聚于此，草堂应作鲁灵光。"《诗经》有风、雅、颂三体。雅又分大雅和小雅，其中有一部分称"变雅"，它与"正雅"相对，一般指周代政治衰乱时期的作品，借指杜甫反映时代动荡变迁的诗歌创作。汉景帝子鲁恭王所建灵光殿，历劫而不废，借指硕果仅存的人事遗迹，以喻工部祠永存后世。严岳莲字雁峰，为王闿运主讲尊经书院时的学生，晚清藏书家、出版家，贲园藏书楼创立人。

工部祠内，正中设杜甫神龛，两侧分别设北宋诗人黄庭坚、南宋诗人陆游神龛配祀。黄庭坚、陆游都是学杜有成、开宗立派的大诗人。他们与杜甫一样，虽非蜀人，却都曾流寓蜀中。工部祠塑陆游像配飨杜甫始于清嘉庆十七年（1812年），塑黄庭坚像配飨杜甫始于清光绪十年（1884年）。此外，工部祠内还陈列有明清两代镌刻的三位诗人石刻、木刻像，清乾隆、嘉庆时期重修草堂留下的草堂石刻图，以及有关碑记、刻石文物。

恰受航轩与水竹居

工部祠前边东西两侧，有水竹居、恰受航轩相配，呈"品"字形格局。水竹居以杜诗"懒性从来水竹居"（《奉酬严公寄题野亭》）而得名；恰受航轩以杜诗"野航恰受两三人"（《南邻》）而得名。庭院及周边遍植楠、竹、蜡梅、罗汉松、玉兰、迎春、栀子、山茶等花木，四季葱翠，芳馨袭人。

恰受航轩西临水槛，现为杜诗版本陈列室，展示了从南宋至今各种代表性的杜甫诗歌校勘、笺注与研究的出版物，以及世界各国翻译出版的杜诗各种外文版本，这些都是杜甫草堂博物馆的珍贵收藏。

水竹居内现有吴为山"杜甫与他的时代"雕塑专题陈列。运用写意手法，生动呈现了以杜甫为代表的唐代人物风貌，展示其精神世界与时代精神。

浥香亭、看云亭

浥香亭位于水槛之北，张寒衫题匾，出自杜诗"雨浥红蕖冉冉香"（《狂夫》）。

看云亭在工部祠西侧假山上，南面紧邻恰受航轩。

水　槛

　　水槛位于浣香亭与第二陈列室之间，因杜诗《水槛遣心》而得名。水槛东西临水，南北相通如廊桥，轩楹开敞，两边设飞来椅为栏槛。东面檐下有清人谭光祜撰、商衍鎏补书的一副对联："此地经过春未老，伊人宛在水之涯。"说草堂的明媚春色一如当年，仿佛诗人还在水边漫步吟哦，充满了深情想望。

　　水槛是杜甫喜爱的去处。上元二年（761年）杜甫在草堂内新建成水槛，他在《水槛遣心》中细致地描绘了凭栏眺望的迷人景色："去郭轩楹敞，无村眺望赊。澄江平少岸，幽树晚多花。细雨鱼儿出，微风燕子斜。城中十万户，此地两三家。"今日之水槛，跨清流而映绿竹，依稀当时之神韵。

"少陵草堂"碑亭

　　"少陵草堂"碑亭，位于工部祠东侧，为清果亲王爱新觉罗·允礼所书。

　　他于雍正十二年（1734年）赴泰宁，送七世达赖喇嘛回西藏，途经成都，拜谒草堂，题"少陵草堂"四字，镌刻成碑。书法沉雄苍润，朴雅庄严，碑亭四周竹树环合，流水映带，是杜甫草堂的标志性景点。

　　杜甫曾居于京兆（长安）杜陵，旁边还有一座少陵，所以他常自称杜陵布衣、少陵野老，后人也称杜甫为"杜少陵"。

茅屋故居

　　由"少陵草堂"碑亭向北，过小桥流水，便来到茅屋景区。景区占地约八亩，有茅屋、清江、野桥、水槛、南邻、北邻等景点，于1997年2月重建落成。杜甫茅屋为穿斗结构的川西民居建筑，以茅草覆顶，黄泥涂壁，一派田园农舍风味。

　　"浣花溪水水西头，主人为卜林塘幽。"（《卜居》）"清江一曲抱村流，长夏江村事事幽。"（《江村》）杜甫草堂景色优美，环境清幽，堪称四川园林的典型代表。其园林布置和植物栽培，都遵循杜诗的描述，呈现出自然野逸、生机盎然的意境。

　　"锦里烟尘外，江村八九家。圆荷浮小叶，细麦落轻花。"（《为农》）竹篱园蔬，江草江花，临水观鱼，野径寻幽，一切都仿佛从杜诗中走出，到处游荡着诗意的精灵。

　　这里翠竹临风，高楠蔽日，野篱护院，柴门逐江，桃树五株，松树四棵……皆根据杜诗描写加以再现。诗人记述一家人在草堂幸福厮守的生活："自去自来堂上燕，相亲相近水中鸥。老妻画纸为棋局，稚子敲针作钓钩。"（《江村》）如果不出变故，杜甫其实很愿意守着这块风水宝地安度余生。

《寄题江外草堂》：

我生性放诞，雅欲逃自然。嗜酒爱风竹，卜居必林泉。

遭乱到蜀江，卧疴遣所便。诛茅初一亩，广地方连延。

经营上元始，断手宝应年。敢谋土木丽，自觉面势坚。

台亭随高下，敞豁当清川。虽有会心侣，数能同钓船。

干戈未偃息，安得酣歌眠。蛟龙无定窟，黄鹄摩苍天。

古来达士志，宁受外物牵。顾惟鲁钝姿，岂识悔吝先。

偶携老妻去，惨澹凌风烟。事迹无固必，幽贞愧双全。

尚念四小松，蔓草易拘缠。霜骨不甚长，永为邻里怜。

梅　园

　　梅园位于草堂西北角，占地数十亩，原为私家花园，后划归入草堂。园中有
"一览亭"，取杜诗《望岳》之"会当凌绝顶，一览众山小"句意。荷塘水光潋滟，
四时鸟语花香，风雅别致，饶有诗情画意。

　　梅花以其凌寒怒放的英姿和傲然不迁的风骨，深受国人的喜爱。千百年来，许多
诗人吟诵它，许多画家描绘它，以梅花为做人的榜样。宋代诗人林逋一句"疏影横斜水
清浅，暗香浮动月黄昏"为梅花传神写照，千古传诵。爱国诗人陆游词《卜算子·咏
梅》"零落成泥碾作尘，只有香如故"透过梅花写出了一种理想的人格。诗圣杜甫流
寓成都时创作了许多以梅花为题材的诗作，其中的《和裴迪登蜀州东亭送客逢早梅相
忆见寄》"幸不折来伤岁暮，若为看去乱乡愁"以其一往情深被推为"古今咏梅诗第
一"。可以说，梅花在中国人眼里，不仅仅是一种花木，而且象征着一种文化品格。

《绝句漫兴九首》其一："即遣花开深造次，便教莺语太丁宁。"

《和裴迪登蜀州东亭送客逢早梅相忆见寄》："幸不折来伤岁暮，若为看去乱乡愁。"

　　川西平原沃野千里，物产丰饶，是我国梅花的主要产地之一。成都地处蜀文化中心，有着数千年传统文化的深厚积淀，种植梅花的历史非常悠久，从唐代至今，盛行不衰。陆游有诗云："当年走马锦城西，曾为梅花醉似泥。二十里路香不断，青羊宫到浣花溪。"生动描写了当时成都地区的植梅盛况。成都梅花无论是在品种还是数量上，都堪为四川梅花最集中的代表。比较普遍的品种有宫粉型、江梅型等，而尤以朱砂梅型、绿萼梅型为最佳。

　　"成都梅艺"植根于蜀文化的土壤，由来已久，以其深厚的功底和独特的造型而备受称誉。其梅桩主要采用滚枝的蟠扎技艺，分为规律类和自然类两种。规律类梅桩亭亭玉立，庄重大方；自然类梅桩更是虬曲多姿，变化无穷，或立、或卧、或倒、或悬，姿态横生，气象万千。更有以诗词名篇佳句作为创作题材，诗情画意，兼得自然之精粹，而臻艺术之妙境。

　　春、夏、秋、冬，有梅花、海棠、迎春花、玉兰、桃花、李花、西府海棠、杜鹃花、樱桃花、石榴花、七里香、睡莲、荷花、栀子花、美人蕉、茶花、紫薇、桂花、蜡梅等次第开放；海棠似火，玉树临风，笼竹滴翠，银杏流金；梅园就像是大自然的调色板，又好似花女神的青春秀。

草堂影壁

　　花径东端入口，"花径"匾额集自萧龙友书杜诗《客至》；对联"花学红绸舞，径开锦里春"为郭沫若撰书。

　　"花径"之名，取自杜诗《客至》"花径不曾缘客扫，蓬门今始为君开"，是连接杜甫草堂纪念建筑群与原草堂寺的一条红墙夹道。花径东端有"草堂"影壁，为周竺君书，以青花瓷片镶嵌而成，曾数度毁损又几经修复，从砌瓷图案及材质可以辨识不同时期的嵌补痕迹。1958年3月7日，毛泽东主席参观杜甫草堂，在草堂影壁留下著名的背影照。如今"草堂影壁"已成为杜甫草堂的标志之一。

浣花祠

　　浣花祠位于花径中段，也名"冀国夫人祠"，是奉祀唐大历年间西川节度使崔宁之妾任氏的祠堂。任氏乃巾帼英雄，她曾率军平叛，保卫成都有功，而被后人纪念。据载，杜甫离开成都后，草堂即成为任氏别墅。任氏信佛，其后人舍宅为寺，名梵

安寺，即清代草堂寺之前身。相传任氏原是浣花溪畔的平民女子，心地善良。任氏偶然遇见一个衣衫褴褛的乞丐，并不嫌弃，为其浣衣，水中随之有莲花散出，由是遇贵人而得福报。世人称之为浣花夫人，称她的祠堂为浣花祠。

盆景园、杜诗书法木刻廊

　　园内盆景品种繁多，有选用金弹子、六月雪、罗汉松、银杏、紫薇等制作的树桩盆景，有的古朴严谨，有的虬曲多姿，令人赏心悦目，体现了川派树桩造型立、斜、卧、悬、古的基本形式；有以砂片石、钟乳石等制作的山水盆景，展示了川派山水盆景幽、秀、险、雄的独特造型艺术。

　　位于盆景园的杜诗书法木刻廊以独具草堂特色的楠木为载体，以草堂闻名遐迩的木刻工艺为表现，展示草堂丰富的历代杜诗书法收藏，堪称"三绝"。

　　木刻廊内展出杜诗书法木刻 100 多件，以精美而亲切的形式，展示杜甫的杰出诗艺和高尚情怀。盆景园定期举办梅展、荷花展等盆景花卉展，书香花影相得益彰，信步其间，是难得的艺术享受。

《李潮八分小篆歌》：
　苍颉鸟迹既茫昧，字体变化如浮云。
　陈仓石鼓今已讹，大小二篆生八分。
　秦有李斯汉蔡邕，中间作者寂不闻。
　峄山之碑野火焚，枣木传刻肥失真。
　苦县光和尚骨立，书贵瘦硬方通神。

兰　园

　　兰花在中国传统文化中，被当作君子的象征。中国人将兰花作为审美对象，有着悠久的历史。兰花集中体现了文人雅士的价值追求和审美情趣，生动地诠释了中国人特有的审美方式与精神旨归，形象地展现了中华民族的文化特征。中国兰又称国兰，是指原产于我国的兰科、兰属地生兰草本植物，即根系生长在混杂落叶、腐殖土和砂石的土壤中的兰花。国兰有数百个品种，主要有春兰、莲瓣兰、蕙兰、建兰、寒兰、墨兰、春剑七大类。中国兰以其花色淡雅、气韵清幽，广受人们喜爱。

　　历史上以爱兰赏兰著称的文化名人如孔子、屈原，将兰花比作才德出众的贤人，在兰花的形象中注入了政治文化意味，其核心要义是：君王应远离小人，应任人唯贤。屈原的《离骚》以兰花自喻其品行高洁："扈江离与辟芷兮，纫秋兰以为佩。"陶潜则以幽兰比喻一尘不染、志趣高洁的隐士。《饮酒·十七》："幽兰生前庭，含熏待清风。清风脱然至，见别萧艾中。行行失故路，任道或能通。觉悟当念还，鸟尽废良弓。"《拟古·其一》："荣荣窗下兰，密密堂前柳。初与君别时，不谓行当久。出门万里客，中道逢嘉友。未言心相醉，不在接杯酒。兰枯柳亦衰，遂令此言负。多谢诸少年，相知不忠厚。意气倾人命，离隔复何有？"张九龄《感遇十二首》其一："兰叶春葳蕤，桂华秋皎洁。欣欣此生意，自尔为佳节。谁知林栖者，闻风坐相悦。草木有本心，何求美人折！"以草木本心寄托人生初心。卢照邻、王维、孟浩然、李白、韩愈、钱起、韦应物、苏轼、苏辙、黄庭坚、杨万里、郑思肖、郑燮等，留下许多题咏和描绘兰花的佳作杰构。李白的《孤兰》："孤兰生幽园，众草共芜没。虽照阳春晖，复非高秋月。飞霜早淅沥，绿艳恐休歇。若无清风吹，香气为谁发。"杜甫赠友人诗"梦兰他日应，折桂早年知"表达美好祝愿和期许。元代画家倪瓒推崇宋末诗人、画家郑思肖（字忆翁，号所南）的孤忠气节，得见郑思肖所画无根无土之墨兰，题诗寄托同样的家国情怀。《题郑所南兰》："秋风兰蕙化为茅，南国凄凉气已消。只有所南心不改，泪泉和墨写离骚。"郑燮的《题画兰》："兰草已成行，山中意味长。坚贞还自抱，何事斗群芳。"

兰园为杜甫草堂兰花培植基地，品种丰富，蔚为大观。20 世纪 50 年代建馆之初，钟爱兰花的朱德委员长曾经三次向杜甫草堂赠送兰花，草堂兰花因而在业界享

有盛名。朱德一生酷爱兰花，他养兰，咏兰，留下了诸多诗文篇章。1959 年至 1964 年，朱德写下了近 40 首咏兰的诗词。如《咏兰》"幽兰奕奕待冬开，绿叶青葱映画台。初放红英珠露坠，香盈十步出庭来。""幽兰吐秀乔林下，仍自盘根众草旁。纵使无人见欣赏，依然得地自含芳。""东方解冻发新芽，芳蕊迎春见物华。浅淡梳妆原国色，清芳谁得胜兰花。"1963 年，朱德再赴成都杜甫草堂，兴致盎然，作《草堂春兴》10 余首。其中咏兰一首，借景抒怀，构思别致："幽兰出谷弱袅袅，移到草堂愿折腰。通道芳姿不解意，陪同工部发新条。"陈毅元帅也有《幽兰》之作："幽兰在山谷，本自无人识。只为馨香重，求者满山隅。"2023—2024 年，在杜甫草堂兰园连续举办了两届中国兰花大展，并配套举办了兰文化主题展和咏兰主题书画展，翰墨辉映，名花竞秀，观者云集，盛况空前。

杜甫草堂南大门

草堂南门为原草堂寺山门，紧邻浣花溪公园。"杜甫草堂"匾额由郭沫若书。

楹联故事

一、福康安联

销甲事春农，万里孤征，终古谋谟齐稷契
浣花余旧筑，十年重到，祇今形胜压夔巫

2013 年 8 月 13 日至 14 日，笔者主持对成都杜甫草堂木刻匾联库存进行清理，新登记入藏一批旧刻匾联计 156 件。其中有一副为清乾隆五十八年（1793 年），四川总督福康安撰写的长联："销甲事春农，万里孤征，终古谋谟齐稷契；浣花余旧筑，十年重到，祇今形胜压夔巫。"全联由行楷书写，黑底土漆，文字为圆底贴金，工艺不同寻常，制作精良，字迹保存完好，具有重要的历史价值和研究价值，极其珍贵。此前，杜甫草堂已知清代木刻楹联仅有两副：一为清咸丰四年（1854 年）四川学政何绍基撰书的"锦水春风公占却，草堂人日我归来"对联，原联木刻入藏库房，翻刻联现悬挂于工部祠。二为清同治十一年（1872 年）四川总督吴棠撰书的"吏情更觉沧州远，诗卷长留天地间"对联，原联现悬挂于草堂大廨。福康安联时代在前，而保存完好，光彩如新，诚可宝贵。

福康安（1754—1796），字瑶林，号敬斋，满洲镶黄旗人，大学士傅恒第三子，清朝乾隆年间名将、大臣。福康安历任云贵、四川、闽浙、两广总督，官至武英殿大学士兼军机大臣。先后平定四川大小金川叛乱、甘肃田五起义、台湾林爽文起义、廓尔喀之役、苗疆起事，累封一等嘉勇忠锐公。嘉庆元年（1796 年）二月，赐贝子，同年五月去世，追封嘉勇郡王，谥号文襄，配享太庙，入祀昭忠祠与贤良祠。

乾隆三十七年（1772年）至乾隆四十一年（1776年），福康安受命平定大小金川叛乱，清朝在此建懋功厅。乾隆四十六年（1781年）福康安任四川总督兼署成都将军。乾隆五十八年（1793年），福康安再任四川总督时，进驻成都草堂，培修梵安寺，同时对草堂也加以修葺。此副对联当是福康安在此次修葺草堂时所撰书，并刻制成联的。此外，福康安还命人绘《少陵草堂图》，并刻石置于壁间，此石刻现存于草堂工部祠内。留在成都杜甫草堂的这副对联，化用杜诗《洗兵马》"安得壮士挽天河，净洗甲兵长不用。"《自京赴奉先县咏怀五百字》"许身一何愚，窃比稷与契。"铸剑为犁，谋比稷契，表现了自己在治国安邦方面的追求和建树。十年间，福康安两度治蜀，再次凭吊诗圣旧居遗迹，并加以大规模维修，增扩纪念性祠宇，使浣花形胜甚至超过杜甫晚年漂泊的夔州、巫峡之地。福康安在清乾隆时期主持对成都草堂的这次维修，形成了今天杜甫草堂的基本规模，奠定了成都杜甫草堂成为杜甫最具代表性纪念地遗迹的基础。武功之外，单凭这一"文治"的深远影响，这位清代重臣就值得后人铭记。读其联语，遣词典雅，立意深稳，很有内涵，超过福康安流传的其他诗文作品，允为佳构。尤其书法老成持重，雄浑内敛而筋骨洞达，实在远出乾隆皇帝之上。唯一的问题是：福康安本不以文学著称，乾隆皇帝称他"于文墨之事，非其所习"。是乾隆皇帝眼光太高，还是臣子深藏不露？传说福康安与和珅是政坛宿敌，但都是乾隆皇帝倚重和宠信的重臣，和珅学问好，书法也很了得。福康安与和珅的形象常常出现在影视文学作品中，戏说成分较多。当然，乾隆皇帝也不免被戏说。

《重修昭觉寺志》记载，福康安就任四川总督赴任时，乾隆皇帝对他说："四川昭觉住持僧了元（即道魁禅师），善知识也，汝善护持。"福康安对这位皇帝认定的高僧并不信服，他到成都后，想给道魁一个下马威。有一天说要到昭觉寺去，令侍从从正门入寺，自己则悄悄从东角门进入。等他到了昭觉寺，发现全寺的僧人列队在东角门恭候。看来道魁禅师还真是高明。《重修昭觉寺志.余闻》记载："比至，则僧众云集于东角门内，排立以迎矣。公讶之，初犹自讳，及睹师面，问讯毕，公不觉折服，始下舆入寺。"见到道魁禅师后，他还打算再出点难题。走到弥勒殿，他指着弥勒佛发问："这佛笑谁？"道魁禅师回答："佛见佛（'佛''福'音相近）笑。"大大地捧了福康安。他又说："这佛还对你笑呢！"道魁禅师从容回答："佛笑贫僧修积不到。"福康安大笑，与道魁禅师携手而行，从此交往不绝。福康安在昭觉寺留有诗文：

> 昭觉道魁和尚大乘禅宗也，工诗。余暇即往唱酬。临别依依，携手偕行，忘路远近。忽闻桥畔泉声潺潺，时已去寺三里许。余曰："此亦虎溪也。"相与大笑而别。归途中口占俚言，录呈一粲。
>
> 话别诗僧携手行，谈心何暇计归程。忽闻桥畔泉鸣处，疑是溪边虎啸声。

最后一句用了一个佛门典故"虎溪三笑"：庐山东林寺前有虎溪，相传晋朝僧人慧远居东林寺时，送客不过溪。一日诗人陶渊明、道士陆修静来访，交谈甚契，不觉送过虎溪，辄闻啸鸣，三人大笑而别。

《重修昭觉寺志·余闻》所载福康安与道魁禅师的另一个故事流传更广："山门土地相传为某公像。公在，日与道魁和尚友善往来不绝。公卒，时师夜梦公至，求

一清净之地安身。师曰：山门清净。公订约而去，师为塑相山门，时制如生。后又梦公至，谢慰甚至。曰：山门虽静，其如来住持戒僧过余必起立，为之奈何？次日，师为授菊记。是夜，复梦公至，欢若平生。"说在福康安去世这一天，道魁禅师做了一个梦，梦见福康安说，愿在寺内找一清净地安身，道魁禅师许他在大山门安置。于是昭觉寺的大山门里就塑起了福康安的像，让他清净地坐在大山门里，长久守护这座"川西第一禅林"。几日后，福康安又托梦给道魁禅师，说山门虽静，但每逢有持戒的高僧从大山门经过，按照佛门规矩，他都要以护法居士的身份，起立迎送。于是，道魁禅师做法事，免去福康安迎送的辛劳。神奇的是就在这天夜里，道魁及昭觉寺的首座超凡、堂主德星、衣钵云峰等都同时梦到福康安登门致谢。现在昭觉寺的山门还能看到福康安的塑像。

二、吴棠集杜联

吏情更觉沧洲远

诗卷长留天地间

　　这是一副集杜句联。上联出自杜甫的《曲江对酒》："苑外江头坐不归，水精宫殿转霏微。桃花细逐杨花落，黄鸟时兼白鸟飞。纵饮久判人共弃，懒朝真与世相违。吏情更觉沧洲远，老大徒伤未拂衣。"诗作于唐肃宗乾元元年（758年），其时诗人在朝中任左拾遗，最后留住长安。诗中流露出一种颓伤情绪，虽然身为谏官，却得不到朝廷的信任与重用，无法施展自己的政治抱负，反映了报国无门的苦痛之情。杜甫在思想上带有较强的"吏情"，即积极用世，希望在仕途上有所作为，能够"致君尧舜"，造福百姓。既然在朝中担任了职务，便要遵守政府官员的规矩，其思想认识及行为方式便受到职务的约束，更觉得寄情山水的散漫生活及远离社会纷扰的"沧洲之志"越来越远离自己。

"沧洲"以隐士高人居住的水滨借指避世归隐之地。而这样既不能辞官归隐田园，又不能为世所用的状况徒令自己伤悲不已。

集联者吴棠只取两句中的上句，正用其意，就去掉了原诗中消沉的一面，借杜甫的诗句赞扬诗人，肯定杜甫总其一生深怀济世救民之心，是忧国忧民的典范。杜甫毕竟不是陶渊明，所谓"沧洲之志"其实是远离杜甫的，杜甫自然不会真正归隐，他有着难以磨灭的政治热情。在他的政治理想幻灭时，他的政治热情转化为诗歌创作，鞭笞社会不公，为人民鼓与呼。最终是以"诗卷长留天地间"的方式实现了不朽。下联则出自杜甫《送孔巢父谢病归游江东兼呈李白》一诗：

巢父掉头不肯住，东将入海随烟雾。

诗卷长留天地间，钓竿欲拂珊瑚树。

深山大泽龙蛇远，春寒野阴风景暮。

蓬莱织女回云车，指点虚无是归路。

自是君身有仙骨，世人那得知其故。

惜君只欲苦死留，富贵何如草头露？

蔡侯静者意有余，清夜置酒临前除。

罢琴惆怅月照席，几岁寄我空中书？

南寻禹穴见李白，道甫问讯今何如！

孔巢父活跃于天宝时期，曾与李白一道隐居山东，时号"竹溪六逸"，有诗集《徂徕集》。"诗卷长留天地间"本是杜甫对孔巢父的赞语，集联者借以用来称美杜甫。上下联分别借用杜诗，从匡世济民的思想情怀和光照天地的诗歌成就两方面褒赞杜甫。此集联用意也很符合吴棠身份。

吴棠（1813 年 8 月 19 日—1876 年 7 月 20 日），字仲宣，号棣华，安徽盱眙（今属江苏）人。清同治时，曾任四川总督兼署成都将军。光绪二年（1876 年）病逝，谥号勤惠。有《望三益斋诗文集》，刊行于世。吴棠在四川剿平叛乱，为政清明，拨捐输银赈济灾民，疏呈捐输之弊，要求清政府"讲求吏治，尤当于序补之先"。支持

119

时任学政张之洞办尊经书院，刊印大量经史典籍，延聘名师，培养人才，为蜀学兴盛奠定了基础，深得蜀人好评。

　　悬挂在杜甫草堂大廨楹柱的这副对联，为吴棠手书原联，是杜甫草堂仅存的几副清代木刻原联之一。

三、何绍基联

锦水春风公占却

草堂人日我归来

咸丰二年至五年（1852—1855），何绍基为四川学政。咸丰四年（1854年）年初，何绍基在果州（今四川南充）主考竣事后返回成都，拟就此联。他特意在郊外住宿一晚，专等正月初七人日，才到草堂题就此联。中国旧俗以阴历正月初七为人日。晋人董勋《答问礼俗说》云："正月一日为鸡，二日为狗，三日为猪，四日为羊，五日为牛，六日为马，七日为人。"上联的意思是说：杜甫寓居浣花溪畔的草堂，浣花溪一带的优美风物化为杜甫笔下动人诗篇，千古传唱，脍炙人口。自从杜甫来过，浣花溪这一派绮丽风光就有了它的主人，杜甫与他的草堂故居成为锦水春风的永恒主题。人们每年在春天时相聚到成都西郊浣花溪边

赏花踏青，都是冲着纪念诗圣杜甫去的。下联引出高杜人日唱和的故事，表达对前贤的景仰与追怀。杜甫早年漫游时，与李白、高适两位大诗人相遇于洛阳，结伴畅游梁宋，寻访高贤，饮酒论诗，意气相投，情谊深长。后杜甫流寓成都，高适时任蜀州刺史（治所在今四川崇州），时常资助杜甫这位故交。上元二年（761年）人日那天，高适写了一首诗《人日寄杜二拾遗》寄赠杜甫，想念老朋友："人日题诗寄草堂，遥怜故人思故乡。"大历五年（770年），漂泊于湖湘的杜甫偶然翻出高适这首诗，其时高适已经过世。感事怀人，睹物伤情，杜甫遂写下《追酬故高蜀州人日见寄》，来一次幽冥两隔的对话："自蒙蜀州人日作，不意清诗久零落。今晨散帙眼忽开，进泪幽吟事如昨。"十年生死，往事如烟，高、杜二人的人日唱和，其中表现出的深情高谊，感动了后世许多读者。何绍基在这里当然也是有感而发，联中以"我"与"公"相对，并用"归来"二字，隐隐有杜甫后继者的意味。此联一出，人们竞相效仿，于每年人日，成都市民扶老携幼，倾城出动，相偕至草堂领略春光，凭吊诗圣。骚人墨客雅集草堂，挥毫吟诗，抒发感慨。人日游草堂便成了成都的风俗。已故四川文史馆馆长刘孟伉曾说："名贤风流一举措间，乃有关风气如此。"并写诗道："春风着意草堂行，最忆诗人何子贞。得意不妨郭外宿，挥毫直至梦中惊。一联故事成千古，早岁文章负盛名。总为杜陵生色彩，我来犹对梅花清。"

何绍基（1799—1873）字子贞，号东洲，晚号蝯叟，道州（今湖南道县）人，世人也称何道州。晚清诗人、书法家。道光十六年（1836）进士，官翰林院编修、国史馆总纂、四川学政。通经史、小学，也醉心金石书画。著有《说文段注驳正》《东洲草堂金石跋》《东洲草堂诗钞》等。一生经历嘉庆、道光、咸丰、同治四朝，宦游经历丰富，在晚清学术、诗歌、书法等领域都有建树，为一时文儒。曾国藩曾评价何绍基："子贞现临隶书字，每日临七八页，今年已千页矣。近又考订《汉书》之讹，每日手不释卷。盖子贞之学长于五事：一曰《礼仪》精；二曰《汉书》熟；三曰《说文》精；四曰各体诗好；五曰字好。此五子者，渠意皆欲有所传于后。以余观之，此三子者余不甚精，不知深浅究竟如何。若字，则必传千古无疑矣。"何绍基以书法最为人称道，楷、行、隶、篆各体皆擅，熔铸古今，独出新意，被誉为

"有清二百年以来第一人"。咸丰二年（1852年）八月授四川学政，主管学校的教育和考试工作。何绍基为人耿介，不改书生本色。他因两次被咸丰皇帝召见，深怀感激，以为身受朝廷重托，一心想要做出成绩，澄清川中吏治。他秉公办事，整肃甚至罢免一些不称职的教育官员，努力革除科举考试中的积弊。还屡屡上书朝廷，弹劾地方官吏，一味地猛冲猛打，因此树敌很多，得罪了朝廷中的实权人物，咸丰皇帝也嫌他麻烦多事。外放蜀地任学政只两年就因"屡陈时务""肆意妄言"，被咸丰皇帝免了职。他于是悠游山水，执教书院，沉潜碑帖翰墨，终成一代巨匠。

何绍基身上有杜甫的影子。他们在蜀中的际遇，也大略相似。官场上很不如意，在民间却广受欢迎。蜀中风土人文滋养了杜甫的诗歌，也滋养了何绍基的书法。何绍基遍访古碑，尤其留意蜀地汉碑、摩崖刻石那种雄强朴茂而又自由野逸的审美特质。在四川游览嘉州、峨眉、瓦屋山期间，何绍基观察峨眉山猿猴而参悟笔法，结合自身臂长特点，形成独特的回腕执笔法，写下著名的《猨臂翁》诗："书律本与射理同，贵在悬臂能圆空。"蜀中经历可以说对何绍基书风的成熟至关重要。何绍基也非常推崇杜甫，他将杜诗喻为松柏，而把自己的诗歌比作小草。他说："松柏之下，其草不殖，小草为大树所掩也。"所以他要在杜诗之外另辟蹊径，其诗文趣味又时时可见苏东坡的影子。杜甫、苏轼、何绍基，异代不同时，但是书生意气一脉相承。更可贵的是，他们都做到了在大是大非面前"临危莫爱身"。何绍基写出"草堂人日我归来"，就是以浣花草堂这一脉斯文的后继者自许的。他的这副对联至今还悬挂在杜甫草堂工部祠的楹柱上，这也是历史给予他的认同。

四、顾复初撰、邵章等补书联

异代不同时问如此江山龙蟠虎卧几诗客

先生亦流寓有长留天地月白风清一草堂

　　顾复初（1812—1893），字子远，又字乐余，号幼耕，一作幼庚、道穆、听雷居士、又号罗曼山人，晚号潜叟，也作静廉居，江苏长洲（今苏州）人，学士顾元熙之子，晚清江南名士，学者、诗人、书画家。拔贡生，渐纳资为光禄寺卿，同治年间改官光禄寺署正。通辞章、擅楹对、工书画，光绪中被推为蜀中第一书家。顾复初咸丰末以州判入蜀，寓居成都梓潼桥街，自署小墨池山馆。何绍基任四川学政，邀襄校试卷，自此游宦蜀中。何绍基曾许之"美人名士情如海，直节高风性有天"。先后做过四川总督吴棠、丁宝桢、刘秉璋等人的幕僚。顾复初极富文才，工诗词，通辞章，擅楹对，善书画。其画以简远胜，时写小幅山水，干笔枯墨，自然苍古。楷书取法晋唐，行草书纵横跌宕，得颜鲁公之圆劲。晚年更精于汉隶，苍劲高古。顾复初创作力旺盛，在蜀地留下很多诗文书画墨迹。由于历史的原因，其作品大多散佚，湮灭不存。著有《春秋大事表》《罗曼山人诗文集》《乐余静廉斋集》《梅影庵词集》《骨董琐记》《益州书画录》等多卷诗、词、文集。时人罗凤冈为其作序称赞："当其曼声微吟，精思入妙，若春水生波，流云出岫，天机所荡，风籁自鸣。至其清思雅韵，一洗凡艳。又其余事，每言寓千里于尺幅，笼万态于寸管。"又与龙藏寺僧含澈（即雪堂）交往甚笃。光绪十九年（1893年）病卒于蜀，终年82岁，葬四川省新都县新繁镇龙藏寺附近。其生平时乖命蹇，郁郁不得志，如其自序所言："仆吏才短拙，改就京秩。昔为薄宦，今作寓公。"其中难掩因仕途的失意而产生的无奈唏嘘。顾氏猖狂自负，而被投闲置散终了一生，内心的愤懑往往化作笔底峥嵘，题草堂联尤其显现其情性。

顾复初当年拜谒草堂，他是作为流寓蜀中的名士，联系自己的人生际遇，他对杜甫这位前代异乡人产生了情感共鸣，他由杜甫的不幸看到了自身的不幸，更因杜甫的不朽诗名而感慨自己的泯没无闻。杜甫在唐代宗大历元年（766 年）客居夔州（今重庆奉节），曾作《咏怀古迹五首》其二，咏怀宋玉故宅："摇落深知宋玉悲，风流儒雅亦吾师。怅望千秋一洒泪，萧条异代不同时。江山故宅空文藻，云雨荒台岂梦思。最是楚宫俱泯灭，舟人指点到今疑。"杜甫痛感自己虽和宋玉时代相隔，但风流儒雅的文心及落拓失意的遭遇却极其相似，在草木摇落秋风萧瑟中凭吊先贤，以千古知音写不遇之悲，怅望千古，体验深切，故而感慨落泪。顾复初将自己对杜甫的追怀比之于杜甫缅怀宋玉，同时抒发怀才不遇之积郁。上联一开始沿用杜句，虽云"异代不同时"，然命运遭遇却如出一辙，自然引为同调，千秋一哭。"如此江山"化用"江山故宅空文藻"。联系杜甫的经历及自己的身世，发出古今同慨之叹。茫茫天地间，滚滚历史长河中，每代不乏龙虎之辈雄才俊杰，最终大多消磨殆尽，化作历史的尘埃。有几人能像杜甫这样，命运坎坷，才志不得伸展，历经挫折磨难而永葆赤子之心，以一往深情的吟咏，

修炼成不朽诗圣？杜甫才是真正的千古风流人物。故而发出"问如此江山龙蜷虎卧几诗客"的感慨。顾复初的上联有两层含义，一是赞美杜甫也暗指自己乃是不可多得的济世之才，怀积极用世之志。二是叹息怀才不遇，面对残酷现实，终究难以施展抱负。如蛟龙蜷曲不能腾飞，猛虎之伏卧不能驰跃，困顿于草野，穷愁潦倒，壮志难伸。而悲叹中自负的情感隐于字里行间。封建时代众多的文人墨客都把出将入相，经国济世作为一生奋斗的最高目标。细细玩味联中"龙蜷虎卧"之喻，可见其愤世之心。蜷者，曲也；卧者，趴伏也。可知虽负龙虎驰骋之才，然不得一展飞腾之志。因此，下联首起云"先生亦流寓"，意指杜甫和自己皆漂流蜀中，入幕为僚属，空有一腔报国热情。天宝六载（747 年）前后，杜甫在长安作《送孔巢父谢病归游江东兼呈李白》有"诗卷长留天地间"之句。上元元年（760 年），杜甫寓居成都草堂时作《狂夫》有"万里桥西一草堂"之句。又典化出苏轼《后赤壁赋》"月白风清，如此良夜何"句，故接下云"有长留天地月白风清一草堂"。以此来赞扬杜甫，虽流寓蜀中，仕途越走越窄，而诗歌创作之路却越走越宽，终于留下千古传诵的不朽诗篇和一座长存天地间的秀美草堂，受到后世人的凭吊瞻仰。言外之意，则是慨叹自己满腹经纶，纵然报国之志难以实现，希望自己也能像杜甫那样留下文名传之后世。不妨大胆推测一下，顾复初就是在一个月白风清之夜游览浣花草堂，触景生情，表现了深沉的历史感悟和对人文精神的动情演绎，穿越历史点燃了他的灵感，于是紧紧抓住了那些"千古风流人物"的衣角。顾子远的名字以一副对联杰构附翼于杜甫的草堂，得以流传后世。顾复初在此联中，怀古叹今，把一腔怀才不遇的幽怨，独立苍茫的情怀，寄托于月白风清的草堂，既有自伤，而复自重，用语含蓄曲折，一气呵成而又一唱三叹，意境高远而又意味深长，具有激荡人心的情感魅力。

顾复初书写的原作早已找不到了，但这副对联作为公认的杜甫草堂第一名联，至今仍有两个书法版本分别悬挂在草堂大廨和草堂南大门。大廨联由清末翰林、中央文史馆馆员邵章补书。蜀中著名学者、四川大学教授、四川省文史馆副馆长向楚为作旁记："此联旧刻于清光绪中，长洲顾复初撰书。顾君工汉隶，老年书势益遒厚。原刻久轶，今为邵章补书，乙未夏向楚旁记。"1958年毛泽东主席参观成都杜甫草堂，曾在此联前沉吟良久，感慨系之，乃有"离骚"之喻。南门联由于立群书，郭沫若作长跋："杜工部草堂旧有清人顾复初长联，句丽词清，格高调永，脍炙人口，翱翔艺林，曾为名祠平添史料。惜原刻本联已毁，今凭记忆，嘱内子于立群同志重为书出，用自首都，寄归锦城。遥想风清月白之堂、龙蟠虎卧之地，人民已作主人，气象焕然一新，谅不妨多此一段翰墨缘也。顾氏乃苏州元和人，清季游幕蜀中，故以流离自况云。又顾氏通词章，工书画，有文集存世。此联隐隐以己为工部继承者，亦可见其自命不凡也。"

五、沈寿榕、彭崧毓撰、叶恭绰补书联

诗有千秋南来寻丞相祠堂一样大名垂宇宙

桥通万里东去问襄阳耆旧几人相忆在江楼

这副对联为草堂的名联之一，原刻于清光绪时。原联在中华民国时期因军阀驻兵而被毁，后由中央文史馆副馆长，北京中国画院首任院长叶恭绰先生补书，重刻后悬挂于诗史堂前。叶恭绰乃现代文化大家，生平于艺术、书画、诗词、文物鉴藏无不精通，其书兼有褚遂良之俊逸、颜真卿之雄浑、赵孟頫之朗润，名重当世。

此联以杜甫的文章道德比诸葛亮的文治武功，颂扬杜甫像诸葛亮一样，英名永垂天地，也表达了对杜诗成就的崇敬和追怀凭吊先贤的感情。

上联的意思是说杜甫从长安、秦州一路南下来到成都，凭吊诸葛武侯祠堂，杜甫可曾料想，他伟大的"诗史"之作，也同丞相治蜀的千秋功绩一样，必将名垂宇宙。下联的意思是说如果杜甫乘船东去，回到襄阳祖籍之地，世事沧桑，人物凋零，还能有几个故旧聚在一起追怀往昔？人们是否还是会提起出山之前的诸葛亮呢？登楼怀古，历史的成败兴衰，都付与不尽长江滚滚东逝！上联首云"诗有千秋"，即谓杜诗作为"诗史"而流芳千古。杜甫素来景仰诸葛亮，每每有诗咏及。乾元二年（759年）冬，他由陇右入蜀来到成都，即于次年春寻访凭吊了武侯祠，作《蜀相》一诗，有"丞相祠堂何处寻，锦官城外柏森森"的诗句。大历元年（766年）杜甫漂泊夔州作《咏怀古迹五首》之五写"诸葛大名垂宇宙，宗臣遗像肃清高。三分割据纡筹策，万古云霄一羽毛"。杜甫写诸葛亮的诗篇，对诸葛亮的杰出才能、过人智慧、高尚人格都给予极高赞扬，尤其推崇诸葛亮"鞠躬尽瘁，死而后已"的奉献精神，一句"出师未捷身先死，长使英雄泪满襟"，将悲剧英雄写到极致，感动了千千万万的后来人。应该说，杜甫身上有一种深深的诸葛亮情结。杜甫非常羡慕诸葛亮得遇明君，能够一展远大抱负的历史际遇，同时也万分佩服诸葛亮治国理政和运筹帷幄的杰出才智。杜甫格外推崇诸葛亮的忠诚、担当、明知不可而为之的自我牺牲精神。不妨说，杜甫就是诸葛亮最忠实的粉丝、不遗余力的宣传者、千古知音。后人能够借杜甫对诸葛亮的颂扬"诸葛大名垂宇宙"来颂扬杜甫，评价杜甫与诸葛亮"一样大名垂宇宙"，可以说是对诗圣伟大人格和不朽诗篇无以复加的最高赞美。

成都古有万里桥横跨锦江上，杜甫在诗中也常写到万里桥。下联首云"桥通万里"的即指此桥。三国时，蜀汉丞相诸葛亮曾在此设宴送费祎出使东吴，费祎叹曰："万里之行，始于此桥。"该桥由此而得名，是古代成都水陆交通的一个重要起点。杜甫在成都草堂寓居时作的《绝句四首》其三中，有"门泊东吴万里船"的诗句。"桥通万里"，指从成都锦江乘船可入长江直抵万里之外。杜甫先祖曾居湖北襄阳，诸葛亮也曾隐居隆中（今湖北襄阳西），接下所云"东去问襄阳者旧"，则意谓杜甫和诸葛

亮客居蜀地，很遗憾地都未能在有生之年回访祖籍故里。如果后人续写晋代习凿齿所撰《襄阳耆旧记》，是否应该有杜甫的一席之地呢？乾元二年（759年）杜甫寓居秦州（今甘肃天水）时，曾作《遣兴五首》诗，其二云"昔日庞德公，未曾入州府。襄阳耆旧间，处士节独苦……"庞德公乃东汉末年人，与诸葛亮交往甚深，作者用"襄阳耆旧"一典，含义甚为丰富。襄阳在地理上是诸葛亮和杜甫生命中共同的交集点；襄阳耆旧则是杜甫与诸葛亮在情感上共同的交集点。杜甫的好友李白、孟浩然，一曾寓居襄阳，一是襄阳人，杜甫屡屡写诗怀念他们，然而当杜甫晚年漂泊西南时，二人都已先后故去。诸葛亮晚年在蜀为蜀汉帝业呕心沥血时，其襄阳故旧也多作古。所以，下面联语借用晚唐诗人罗邺《雁》诗句"几人相忆在江楼"凭吊、慨叹诸葛亮、杜甫夙愿未酬，而耆旧故交凋零，成败兴衰，只能空存怀想，任人评说。

此联格调典雅，其用典贴切不露痕迹，构思奇巧而自然工稳，咏杜甫与咏诸葛亮浑然一体，知人论事，眼光独到。加之寓情于景，亦写亦评，借诗人之推许加诸诗人，以文学之笔触追怀文心，形象生动而意境悠远，令人玩味再三，遐想联翩。

沈寿榕，字朗山，号意文，浙江海昌人。宦游四川云南，为一时名士。沈氏善诗文，工书法，习汉隶《曹全碑》入神妙，尤精鉴赏金石书画，作《益州书画录续编》，有《玉笙楼诗录》十二卷存世。沈寿榕《玉笙楼诗录》卷四载同治癸亥（1863年）《春游工部草堂四首》：

万里桥边路，半湾春水溪。寻碑摩古墨，扫壁问新题。紫印苔初破，青回柳渐稀。斜阳人影乱，不自解东西。

昔日游夔府，东屯访旧居。无人知杜老，有地可茅庐。割据英雄尽，饥寒道路余。依然山郭好，吟望一踟蹰。

莫谈天宝事，万变信乾坤。独立诗为史，长愁客闭门。苦多笺注误，难与俗人言。可怪纷摩拟，皮亡骨不存。

自笑羁栖者，成都二十年。酒沽郫竹美，锦濯浪花圆。剑阁朝驱马，苍溪雨放船。公如知有我，应念后生贤。

《玉笙楼诗录》卷四载，同年沈寿榕又有《送彭于蕃观察还湘》题下自注“名崧毓，江夏人”。

湘波摇碧初来处，锦水浮香送行去。长歌跌宕意缠绵，无定离愁乱飞絮。订交昔在昆明池，探囊各有从军诗。自怜青鬓随年换，独抱素心谁共知。先生老笔雄且奇，风骚而后宗拾遗。草堂地近诸葛庙，大名同立千秋垂。我持此论人或嗤，天然妙合公许之。一语为奇二为偶，譬如双剑分雄雌。仰望云霄空万古，文章几辈尝甘苦。江上春残梦欲归，栏边蝶去花犹舞。醽醁入手还当醉，清凉尚有山中味。今夜渔舟纪客谈，明朝纸价成都贵。

“一语为奇二为偶，譬如双剑分雄雌”后，诗中夹注：

榕偶作工部草堂楹联云：“诗有千秋，南来寻丞相祠堂，一样大名垂宇宙；”下联未惬。奉商君对云：“桥通万里，东去问襄阳耆旧，几人相忆在江楼。”

诗末句自注：“君新著《渔舟纪谈》。”并附录彭崧毓诗《同治癸亥春暮将去成都奉别意文观察诗中述草堂联句事诚一时佳话也》：

古人择交重兰臭，一言契合称同心。诗家求句贵精琢，一字推敲成苦吟。丰城之剑延津合，博物望气能追寻。刻铜为鱼扣石鼓，两美不具难成音。沈君言语妙天下，杜陵诗法常钦钦。推崇大名比诸葛，俯视一切凌高岑。前本无双后无偶，云霄万古卑凡禽。盘空硬语亦独造，莫易一字门悬金。老夫强欲作解事，辄以珷玞侪国琛。感君割爱举相借，如珀拾芥磁引鍼。宝刀可脱玦可赠，古人缟纻何如今。锦江之游孰最乐，别意与君江水深。

沈、彭赠答之间，将草堂联句的由来表述得很清楚，惺惺相惜之意溢于言表。

这样看来，相传出自陈月舫的那段故事，就不甚严密了。《玉笙楼笔记》或当指《玉笙楼诗录》，或者是读《玉笙楼诗录》之笔记。彭毓崧当为彭崧毓之误。彭崧毓字于蕃，一字渔帆，号稚宜、又号篯孙，江夏（今湖北武昌）人。道光乙未（1835年）进士，曾官永昌知府、云南按察使、云南盐法道、迤西道。晚年归居故里，主编同治《江夏县志》，著有《求是斋文存》《求是斋诗存》。沈、彭合作工部草堂长联在同治二年癸亥（1863年）之前，其时丁宝桢刚由长沙知府调任山东按察使，而丁宝桢由山东巡抚迁任四川总督是在光绪二年丙子（1876年）。所谓丁宝桢巡游杜甫草堂而由身边幕僚代制对联的故事，经多年转手传抄，或只是想当然的演绎附会。幕僚捉刀代笔的事情比较普遍，这个说法合乎情理，故而流传较广。

据武侯祠博物馆编撰的《三国圣地——武侯祠》等书附记楹联补遗，清末武侯祠的过厅也有此联，署名为沈葆桢题。因为联中也说到诸葛亮，故将其从杜甫草堂翻刻挂在武侯祠。

六、王闿运撰、老舍补书联

自许诗成风雨惊将平生硬语愁吟开得宋贤两派
莫言地僻经过少看今日寒泉配食远同吴郡三高

王闿运（1833—1916），出生于湖南省长沙府，晚清经学家、文学家，教育家，字壬秋，又字壬父，号湘绮，世称湘绮先生。咸丰二年（1852年）举人，曾任肃顺家庭教师，后入曾国藩幕府。光绪五年（1879年），王闿运应四川总督丁宝桢之邀来到成都，担任尊经书院山长，培养了许多人才，对蜀学兴盛贡献很大。后回湖南，继续讲学授徒。弟子数千人，有门生满天下之誉。较著名的弟子有杨度、夏寿田、廖平、杨锐、刘光第、齐白石、张晃、杨庄等。辛亥革命后受袁世凯之聘任国史馆馆长，兼任参议院参政，旋辞归。著有《湘绮楼诗集》《湘绮楼文集》《湘绮楼日记》等。王闿运本人极负诗才，加之具有学问家眼光，他对诗圣杜甫文学成就的理解是不同寻常的，题杜甫草堂联充分反映了王闿运深厚的学术修养。

上联首起"自许诗成风雨惊"即化用杜甫诗意。乾元二年（759年），杜甫在秦州（今甘肃天水）作《寄李十二白二十韵》，诗中有"笔落惊风雨，诗成泣鬼神"的诗句，以赞誉李白才思敏捷，诗作神妙，其中也隐含自许之意。接下云"将平生硬语愁吟、开得宋贤两派"。"硬语"，即刚劲硬朗的话语，用指杜甫沉郁顿挫的诗风。韩愈《荐士》诗："横空盘硬语，妥帖力排奡。"针对齐梁以来柔靡浮艳的文风，推举初唐以来诗文的遒劲风骨。"愁吟"，饱含深情的吟咏，意指杜诗同情百姓忧思深重，其诗以真情动人。杜甫《至后》诗："愁极本凭诗遣兴，诗成吟咏转凄凉。"杜甫《对雪》诗："战哭多新鬼，愁吟独老翁。""硬语愁吟"四字，一讲艺术风格，一

讲用情深致，高度概括了杜诗的特点。杜甫的许多诗篇真实生动地反映了"安史之乱"前后唐代由盛转衰的历史，有"诗史"之称。杜甫创作严谨，语言艺术极高，又有"诗圣"之誉。上联一气呵成，意谓杜甫一生忠君爱国，其沉郁顿挫、忧国忧民的诗歌创作，启迪和影响了后世诗坛，尤其是宋代以黄庭坚、陈师道、陈与义等为代表的注重语言锤炼的江西诗派，以陆游、范成大、文天祥为代表的关注社会现实的南宋诗人，这也是宋代诗歌成就最大的两支，即"宋贤两派"。杜甫上元元年（760年）寓居成都草堂，作《宾至》"幽栖地僻经过少，老病扶人再拜难"。下联首起紧承上联首起，云"莫言地僻经过少"，化用杜句而反其意用之，意指当年很少有人前往诗人郊外偏僻幽居的草堂，在后世不断受到人们的凭吊、瞻拜。"寒泉配食"，此指黄庭坚、陆游被后人塑像祔祀于工部祠。寒泉，即九泉之下。配享，祔祀，"享"通

"飨"，同等媲美之意。古人以功臣祔祀于宗庙或历代名儒祔祀于孔庙，即配享。"远同吴郡三高"，指苏州的三高祠，祠中祭祀春秋时代的范蠡、晋代的张翰、唐代的陆龟蒙三位不同时代的贤士。下联言后人对杜甫尊崇之盛。不仅建工部祠堂供奉祭奠，还以宋代学杜有成的黄庭坚、陆游两位诗人配享，其盛况可同远在吴地的三高祠相提并论。

王闿运在联中抓住杜甫诗歌创作的语言特点及其情感深度，颂扬杜甫卓越诗歌艺术；突出杜诗开启宋诗源流的成就，表明杜甫对后世的深远影响；以黄、陆配享工部祠的格局，凸显杜甫草堂在诗歌史上的圣地地位。

此联属对工稳，用典精练，构思巧妙，收放自如。尤其上下联呼应衔接丝丝入扣，诚为出神入化，波澜老成之作。也当得起"硬语愁吟"这四个字。悬挂于工部祠，可谓天造地设，相得益彰。

湘绮老人书法落拓大度而有金石之质，惜乎原联不存，毁于兵火。

著名戏剧作家老舍，艺文及书画品鉴眼光极高，与湘绮弟子齐白石相友善，补书此联，正中寓奇，平添一分宽厚与温婉。老舍先生后来的悲剧结局，同样值得"愁吟"。

成都杜甫草堂工部祠以黄、陆配享的做法，肇始于乾隆丁酉（1777 年）拔贡杨芳灿。杨芳灿长期在西北做地方官，每到一地，辖区内凡古代先贤遗迹，必设法修葺。他自幼饱读经书，精通诗词，曾任衢杭、关中、锦江等地书院主讲，后入蜀参加《四川通志》的编修，有《兵率斋》《芙蓉山馆诗词》等文稿传世。嘉庆十七年（1812 年）七月，四川总督常明和布政使方积等发起重建草堂，由按察使、成都知府曹兴六为董事，大兴土木，费金五千五百余两，进行了一次历史上规模最大的培修，历时半年，于次年（1813 年）正月落成。草堂竣工不久，时值仲春季节，布政使方积携夔州通判谭光祜、孝廉严学淦、户部员外郎杨芳灿等大小官员、幕僚，前往草堂，准备选吉日良辰，以祭杜公。杨芳灿提议塑南宋诗人陆游像配享杜甫。杨芳灿这样做的主要理由是陆游和杜甫"其心迹之同也"，即陆游和杜甫忠君爱国的思想感情一脉相承。于是，方积令杨芳灿撰文，严学淦作赞，谭光祜书文，镌刻石上，放

置于工部祠内壁。(《重修少陵草堂以渭南伯陆子配飨记》),光绪十年(1884年)培修草堂,主事者为四川总督丁宝桢及黄庭坚十七代世孙、咸丰三年(1853年)进士黄云鹄。黄云鹄曾任四川盐茶道,官居二品,也是晚清著名学者,擅书法。又援引前例,增设北宋黄庭坚像配飨。将原在工部祠旁的陆游神龛,移至祠内杜甫祀像的正西,添置的黄庭坚神龛,置于杜像正东。草堂工部祠正中设杜甫神龛,东西两侧设宋代诗人陆游、黄庭坚神龛配飨的祭祀格局,一直沿袭至今。黄、陆两人都学杜有成,又曾流寓蜀中,"去蜀而不忘蜀"。黄庭坚为著名的"苏门四学士"之首,诗歌、书法成就非凡,后来甚至与老师"苏黄"并称。他一生学习杜诗,深研语言艺术,开创以杜诗为宗的"江西诗派",其忠君爱国的思想感情与杜甫亦相一致。宋哲宗元符元年(1098年)因遭贬谪迁戎州历三年,其间应四川丹棱县士绅杨素之请,尽书杜甫两川夔峡诗,作《大雅堂记》,支持杨素建大雅堂刻石陈列,惜原石不存。陆游在诗歌创作上十分推崇杜甫,写下了许多爱国忧民的优秀诗篇,在南宋诗坛上占有非常重要的地位。他以高扬爱国主题的黄钟大吕振作诗风,对南宋后期诗歌产生了积极的影响,国破家亡的时代背景更使陆游的爱国精神深入人心。也有文学史家根据陆游《剑南诗稿》之名说他创立了剑南诗派,其实陆游的文学主张是开放的,他的影响也是超越所谓传统门派的。

后什邡知县钱保塘为工部祠撰联"荒江结屋公千古,异代升堂宋两贤"。启迪游人瞻仰凭吊唐宋两代的大诗人。

七、谭光祜撰、商衍鎏补书联

此地经过春未老

伊人宛在水之涯

这是一副很有情韵的对联，虽用语短小，但造境开阔，想象丰富，意味深长。许多人游览草堂园林，受到这副对联吸引和启发，得以深入体会草堂优美景色背后的烂漫诗情。

上联是说，过访少陵浣花草堂，看到诗圣遗宅完好留存，风物依旧，不由感慨，杜甫美好的诗篇滋养着诗人身后的草堂，冥冥之中这片诗歌的圣地仿佛有神灵庇护，得以青春永驻，长留天地。而锦水春风的明媚景象，也激发起观览者的青春情怀，"春未老"者，非谓春天不老，而是春心不老，诗情不老。下联"伊人"，指杜甫，表达了对诗人深切的追怀。"水之涯"水边，水滨。《诗经·秦风·蒹葭》："所谓伊人，在水一方。""溯游从之，宛在水中央。"眼前草堂旧迹依然生机焕发，

不由得睹物思人，感觉就好像诗人还在浣花溪边漫步吟哦。将一往深情的怀人之想，托付于澄江水岸的明丽春光，语极清丽，意极缠绵。杜诗《狂夫》有云："万里桥西一草堂，百花潭水即沧浪。"《楚辞·渔父》有云："沧浪之水清兮，可以濯吾缨；沧浪之水浊兮，可以濯吾足。"而千年的浣花溪水，在诗人眼中，是清还是浊呢？假如时光穿越，还会不会有一个杜甫，徜徉在浣花溪畔的春光里，独步寻花？

谭光祜（1772—1813），字子受，一字铁萧，号栎山，也号午桥。江西南丰人。曾任叙州（今四川宜宾）马边同知、总司金川屯田、宝庆（湖南邵阳）知府等职。少娴文事，兼工骑射，善书，尤长篆隶。又善度曲，曾作《红楼梦曲》。除了草堂这副对联，谭光祜还写有诗作，记述当年的"浣花遨头"。《甲戌四月十九日，李松雪太守招同人祀杜工部陆渭南两公于草堂。是日为浣花遨头日，为记是篇》有云："今年祀两公，正值浣花节。……后人艳遨头，牙樯杂锦缀。年年逢此辰，风日喜晴澈。"

此联为曾任晚清翰林的商衍鎏于1953年补书，其时已八十高龄，一手极高明的颜字，持重于外而神秀于内，如老树新花，一派苍润。草堂水槛周围竹树掩映，林塘清幽，依稀旧时风貌，引人发怀古之幽情。这副对联悬挂于水槛，可谓画龙点睛，为草堂名园增色，为浣花风韵传神。

八、郭沫若联

世上疮痍诗中圣哲

民间疾苦笔底波澜

  郭沫若自传《反正前后·第一篇》写到当时的成都草堂:"草堂寺是以杜工部草堂而得名的地方,在成都城外的西南角上。由南门出城与由西门出城,大概是恰好在相等的距离。由南门出城,约略是沿着浣花溪的北岸而走,途中要经过浣花潭(按当指百花潭)、青羊宫,和其他私人的别墅。最后是到达很清幽深邃的草堂寺。这条路径,平常除乡里的农人、寺院的僧侣,或极少数偶尔要去寻幽访胜的墨客骚人之外,很少人往来。"这大概是郭沫若对成都草堂的最初印象。1910 年,郭沫若求学初到成都,还是个十八岁的"不安分"少年。《反正前后》还写到郭沫若初进武侯祠的印象:"里面有荷池,有水榭,有亭台,有花圃,有无数名人或非名人的题咏。顶多的要算是对联。但是说来说去,总不外是三分六出、三顾两表之类的文字。"看来,郭沫若对于那种只在故纸堆中讨活计而翻不出新意的治学方式,大概从来都是很不以为然的。事实也证明,后来郭沫若在文化领域许多门类的创作与研究中,往往推翻千年陈说,唱出一代新声,成为近世少有的通才。

  1953 年 4 月,为筹建杜甫草堂纪念馆,草堂文管处的同志请郭沫若题字,他欣然提笔,写就一联:"世上疮痍,诗中圣哲;民间疾苦,笔底波澜。"上款题"工部草堂补壁";下款署"一九五三年四月郭沫若";款下钤一白文名章。此作后来翻刻成木刻联匾,至今悬挂在草堂诗史堂内壁,成为草堂名联。该联抓住了杜诗强烈的现实精神,为后来评杜论杜者广泛称引。杜甫的诗歌中,常以"疮痍"指战乱给

国家、社会带来的灾祸、弊端。杜甫《北征》云："乾坤含疮痍，忧虞何时毕。"此上联言忧国，揭示杜甫成就诗圣的历史背景；意指杜甫用诗歌真实、生动地反映了"安史之乱"带来的社会不幸及唐朝的盛衰之变。杜甫不愧为千秋诗圣，国家民族的智者哲人。"圣哲"：无所不通之谓圣，才识超群之谓哲。下联言忧民，揭示杜诗强烈关注社会现实的人民性与其"波澜独老成"（《敬赠郑谏议十韵》）诗风的内在联系。"笔底波澜"喻杜甫诗歌浩瀚壮阔的感染力。"波澜"可理解为诗歌内容，也可理解为诗歌风格，笔者更愿意将它作为艺术风格理解。短短十六言，对杜诗思想性与艺术性做出了高度概括和允当评价。

也有观者认为，郭沫若此联对仗工稳，书法遒丽，堪称佳制。唯"世上疮痍"与"民间疾苦"内容雷同，有"合掌"之病。其实上下联一说忧国运，一说哀民生，诗圣之才，诗史之笔，有分别，也有辩证关系。寥寥数言，形象鲜明而境象宏阔，文势豪盛而意旨深远。既见笔力，也见才情，是难得的上乘之作。

郭沫若是中华人民共和国成立后筹建杜甫草堂纪念馆时较早为草堂题词作书的社会名流，"世上疮痍"一联，作于1953年。而草堂大量向社会征集作品，是在20世纪60年代初。这以后，郭沫若又多次为草堂留下墨宝。从郭沫若两跋于立群书，可知四川成都草堂这一故乡名园胜迹在他心目中的特殊位置。郭书杜诗、联语、跋文都紧扣草堂，切合实境，特别是跋于立群书顾复初长联，文辞典雅，情采璨然，几欲喧宾夺主。明确提出意在为成都草堂增此一段翰墨缘，主动作书相寄。而后题宋刻杜集《草堂先生杜工部集》谓"草堂先生重归草堂"，"尤得其所"。联系当时首都多家大图书馆争相表示欲收藏此海内孤本的背景，益见出郭沫若对家乡厚重文化遗产的特殊感情。

杜草堂作为风雅斯文之地，历来不乏名流雅士凭吊题联，留下了许多名篇佳构，或赞扬杜诗继往开来而雄视古今的杰出成就；或抒发老杜身世而浇一己之块垒；或状写草堂风物而寄思古之幽情。但直到郭沫若撰联，才跳出前人窠臼，从社会历史的高度，概括了杜甫的卓越成就，真正写出了杜甫的爱国主义、人民性及其关注社会现实的诗歌精神，此正是杜甫之所以为诗圣、杜诗之所以为诗史的关键。应该说，郭沫若作为一代文化巨匠，的确具有人所不及的学术视野和政治识见，郭沫若的学

问，往往是放在社会、时代的大背景下做出来的，显示了远大的襟怀及涤荡乾坤的气势，是为学究式的研究所不能梦见。他对于杜甫的思考深度和评价高度，远远超越了旧时代的一般文人学士。

郭沫若 20 世纪 70 年代写的《李白与杜甫》是一部减分之作，写了些言不由衷的话，招致后世非议。郭沫若虽然给杜甫戴了顶"地主"的帽子，他还是没有拿掉杜甫"诗圣"的帽子，当然他也拿不掉。

郭沫若的书法世称"郭体"，在中华人民共和国成立后一度风靡神州，其影响力之甚，至今尚有余烈。20 世纪五六十年代，可以说是郭沫若书法最成熟，创作力最旺盛的时期。杜甫草堂这一时期的几件郭沫若手迹，基本上能够反映他的书法风貌。郭书的根基是颜字，其宽博的造型及横轻竖重的笔画近于颜字的基本特征；但其气象不复颜书之庄严、恢宏与厚重，而追求书法意态的巧与活。在这一点上他又颇近于苏轼。郭沫若在《我的童年》中说，最初接触书法是他写一手苏字的大哥有不少苏字帖，他很喜欢苏字"那种放漫的精神"，并认为苏字的不用中锋、连真带草正合于现代人趋于"简易化、敏捷化"的生活方式。郭书最突出的特点在于它强烈的抒情性，激情洋溢的浪漫精神，反映了诗人与学者郭沫若的才情和风采。故其点画飞动及结体的奇变，无不与他个人的性情气质和文艺思想两相吻合、互为表里。郭书往往在线条的大幅度扭动中完成其本无定质的结构造型，透过它的活泼与精巧，不难发现他异常敏感、骚动而才情焕发的诗心。就书法而论，书草堂联亦堪称郭沫若代表之作。以郭沫若在文史方面的广闻博识、趣味自高，故而郭书在情采与文气上可以说是高度的雅化。而其书法点线的表现手法却相对直白，往往饶有意态而欠缺高古神韵，尚未突破颜真卿、苏轼等书法大师的笔墨技巧和审美范畴。郭书的杨柳翻新，以形态胜，以情采胜，风格倾向明丽与文雅，而点画则相对缺乏某种坚实的质感，其榜书能厚重而兼飞动，又优于长篇。"郭体"在一定的历史时期产生如此广泛、深远的影响，除了其书法本身雅俗共赏的美感，更是基于郭沫若的文化魅力和学识修养，就凭这一点，直到今天的文人书家也很难超越。

九、谢无量集杜联

侧身天地更怀古

独立苍茫自咏诗

这是一副集杜句联。"侧身天地更怀古"摘自杜诗《将赴成都草堂途中有作先寄严郑公五首》之五："侧身天地更怀古，回首风尘甘息机。"上联摘用的原诗，作于杜甫结束流亡梓、阆间（今四川三台、阆中）生活，重返成都草堂路上写给重镇蜀地的故人严武，"三年奔走空皮骨，信有人间行路难"。诗人深感此生已难实现救世济民的理想，所以发出深沉的慨叹。正因诗人政治上的失意，才引出下句"回首风尘甘息机"的叹息，流露出自己置身天地之间，缅怀古代先贤，感叹生不逢时，无所作为，只好隐忍内心郁结，寂寞终老。下联"独立苍茫自咏诗"语出杜诗《乐游园歌》："此身饮罢无归处，独立苍茫自咏诗。"原诗约作于天宝十载（751年），当时杜甫潦倒于长安，不为朝廷所用，落到"朝扣富儿门，暮随肥马尘，残杯与冷炙，到处潜悲辛"的凄凉境地。仕途失意，生活无着，心境迷茫抑郁。在漫步于长安城南的乐游园时，只身处于旷野，发出怨愤而无奈的歌吟。两句杜诗均为诗人自况之辞，集而为联，比较贴切地概括了杜甫一生坎坷潦倒、终不得志的悲剧命运。"文章憎命达""诗穷而后工"，生活既磨砺了杜甫，也成全了杜甫。诗人傲然挺立于天地之间，他沉浸在诗歌的世界里，不向世俗社会妥协，虽历尽艰难、穷途末路而不改初心，终于唱出了时代的最强音，一句"独立苍茫自咏诗"也是杜甫独立人格精神的生动写照。谢无量的书法和他所集杜诗联意境一样，具有一种高蹈不凡、遗世独立之美。

谢无量（1884—1964），四川乐至人，我国现代著名学者、诗人和书法家。诗词、古文皆擅，精鉴定，尤长于书法，以篆隶入行草，风格拙朴，卓然自成一家，曾任川西博物馆（四川省博物馆）馆长、四川省文史馆研究员。自 20 世纪 30 年代末至 50 年代初，谢无量先生在四川留下的墨宝极其丰富，蜀中许多名胜都留下他的作品墨迹或刻石。其中成都杜甫草堂尤其是谢无量书法作品的重要收藏地，杜甫草堂馆藏的谢氏墨迹数量多、质量高，并多为有针对性的专门创作，向为业界所称道。如杜甫《茅屋为秋风所破歌》行书中堂、杜甫《寄题江外草堂》行书横幅、杜甫《将赴成都草堂途中有作》楷书立轴、自书词《古调百字令为杜甫草堂作》楷书立轴、集杜句联"侧身天地更怀古，独立苍茫自咏诗。""眼前突兀见此屋，独立苍茫自咏诗。"

谢无量传世墨迹数量最多、最为人称道的是诗词手稿，除自书诗词，谢无量还留下大量以杜甫诗为内容的书法作品。作为诗人的谢无量，他自己的写作是天马行空，无复依傍的。但他对杜诗却也非常精熟，从他留下的大量诗作、联语不难看出，他对于杜诗的借鉴与化用，已经到了随手拈来便成佳妙的境界。谢无量在 1955 年 7 月为杜甫草堂纪念馆成立作《古调百字令》：

> 诗人何许指，西郊熟路，旧时茅屋。千古清江终不改，只换人间歌哭。醉眼看天，胡尘满地，几茧空山足。新松初引，檐前荄尽丛竹。莫管拾翠佳人，移舟仙侣门外，痴云逐。寐寤敢忘天下计，沧海狂澜如沸。拜听鹃声，起吟梁父，高韵谁能续？重开祠宇，寒泉待荐秋菊。

杜甫草堂现藏的谢无量手书杜诗，创作时间集中在 20 世纪 50 年代，即任川西博物馆及四川省博物馆馆长至赴京任中共文史馆副馆长期间，书写内容几乎全为杜甫居成都草堂时期诗作，除两次书写《茅屋为秋风所破歌》外，他似乎是有意回避书写那些通常人们耳熟能详的"流行之作"。所选取的杜诗内容，总是寄托了他对杜甫、对草堂的某种特殊感情。如同时创作于 1959 年 5 月的两件作品《去蜀》《寄题江外草堂》，其时谢无量先生已迁居北京。他无疑是在借杜诗表达自己对于蜀地、对草堂的怀旧之情；在这一点上谢无量先生与诗圣杜甫是千古同慨的。如果说，谢无量的诗词手稿更多地表现了他天机化出的风雅情采，他为成都杜甫草堂书写的这批作品，是严格意义上的自觉的书法创作，作品上多钤有"神霄真逸"印，堪称是代表谢无量书法成就的神妙之作。它的极高的艺术价值已为世所公认，是研究谢无量书法艺术不可或缺的重要参照。

谢无量原名蒙，又名沉、澄、大澄，字仲清，号希范，别号啬庵，15 岁时结识马一浮后遂改名无量。他自幼便受到严格的旧学训练，9 岁毕五经，始习八股文。但他并不喜欢八股文，而偏好史学，尤喜顾炎武、王船山学说。稍后即随其父谢维嗜先生出峡宦游，延师攻读于安徽。清光绪二十六年（1900 年），他由安徽到上海进入南洋公学，与黄炎培、邵力子、李叔同等同窗治学，都深受导师蔡元培先生之器重。后又结交了维新派的章太炎、邹容、章士钊等人，并参与上海《苏报》《国民日报》的活动。章太炎、邹容因《苏报》案"被捕下狱后，谢无量遂东渡日本。旅日期间研习日文、英文、德文，广泛涉猎新知，寻求救国真谛，曾通过马一浮相赠英文版《资本论》始接触到马克思主义学说。光绪三十三年（1907 年），从日本回国到北京任《京报》主笔，论当政，评时弊，唤醒民众。继而又赴上海创立"蜀学会"，力图以学救国。辛亥革命前后，积极投身到民主革命之中，讲学办报，志在社会变革。所著《楚辞新论》《古代政治思想》《中国哲学史》《中国大文学史》《中国妇女文学史》《中国古田考制》《诗经研究》《佛学大纲》等，洋洋洒洒，蔚为大观。五四运动期间，谢无量与陈独秀、李大钊神交意和，拥护新文化运动。他为《新青年》写白话诗，并用白话文写成《平民文学之两大文豪》（再版更名为《马致远与罗贯中》），此书深得鲁迅推重。

谢无量书法得到普遍称赞及广泛流传，当是在 20 世纪 30 年代后期，在抗战的"大后方"。"七七"事变后，谢无量于1938 年避寇还蜀，借居于成都。方时，全国众多艺术名流也云集于此，书法也是流

派相竞，各逞胜擅。而谢无量书法，不斤斤计较于技巧上的一招一式，无复以某家某派为依傍，突破了书坛沉闷僵化的旧格局，超然于凡俗之上，令人耳目一新。谢无量把书法当作"余事"，没有多少以书法名世的念头。而谢无量书法臻于艺术之妙境，极具审美价值，在20世纪中国书坛占有崇高地位，这已是不争的事实。诚如刘君惠先生所论："诵先生之诗，寻绎先生之学养，窥见先生之胸襟为人，然后可以论先生之书法。"(《谢无量先生书艺管窥》)先生本色是书生，他的书法造诣和书艺境界是特殊禀赋与漫长研悟的结果。谢无量书法属碑帖结合一路，谢夫人陈雪湄女士说："他师法二王，游心篆隶和南北朝碑刻，积学酝酿，从而形成自己的书法。"(《谈谈谢无量的书法及其他》)吴丈蜀先生认为："谢先生的书法主要从钟繇帖、《瘗鹤铭》和六朝造像融化得来，但完全脱离了前人窠臼，出以新意，自成一家。"(《跋谢无量先生自书诗册（八首）并序》)谢书用笔文雅而细腻，没有通常学碑者所难免的粗疏和狂野习气，也不像一般学帖者那样纤弱和做作。丰富的阅历，超逸的胸怀，渊雅的学养，通脱的诗词，极大地升华了他的书法品格。于右任曾称赞谢书"笔挟元气，风骨苍润，韵余于笔，我自愧弗如"。

谢无量书法，呈现出一种矛盾中的和谐，新与古、巧与拙、俗与雅、法与意、雄强与秀雅、简约与丰富、持重与散漫……对立因素，在其笔表现为权宜机变，两不相害，既举重若轻，又气度雍容，如庖丁解牛，游刃有余。

谢无量书法在形态上体现了新与古之辩。"谢体"在形式面貌上无疑是全新的，它不衫不履，宛如不谙法度的"孩儿"字迹，具有自然天成、真率不雕的风范，可谓旷古未有之独创。另外，谢字又最得古意，仔细分析谢书，大有《黄庭》《圣教》遗意。谢无量书法在气韵上体现了俗与雅之辩。其用笔删繁就简，省去了二王笔法中细部精巧的提按转换，而突出线条本身的张力。字形通透而散淡，点画顾盼而少映带，似无为而为，气息与八大、弘一相通。谢无量书法是超悟的，它给人以形迹之外的艺术享受，以神韵动人。他不刻意在技巧层面设置"高难度动作"，不追求以点画的特殊效果吸引人，其造型和笔法呈一种通俗化倾向。但是他的书法中又透出一股有如六朝文人书法典雅高华的神采，正是在这一点上谢无量似乎在有意无意之

间达到了堪与前贤比肩的高妙艺术境界。正所谓"信手作书，而高入逸品"。（丁野
庵评谢无量）

　　谢无量书法在美学风格上体现为超悟与轩昂之辩。沈尹默曾论谢书："无量法
书，上溯魏晋之雅健，下启一代之雄风，笔力扛鼎，奇丽清新。……守株者岂望其
项背耶？"（转引自李行百文《天葩吐奇芬——谢无量和他的书法艺术》）谢诗有云
"游刃藏锋笔有神"，"字面纸上皆轩昂"，此谢无量之"书势"。他的书法，苍苍莽
莽，神采焕发而无半点媚态。运笔上空收直入，果敢而刚毅，极具内在自信力，形
成笔画外示简约而内含劲健，所谓"极柔而软而后极刚"者，显示了书家沉雄磊落
的胸襟，达到了"意气真与山嵯峨"（《庚子，欣闻义和团举事》）、"直入千峰与万
峰"（《赠朱铎民》）的艺术效果。结合谢先生的为人，不难证明这一点：作为诗人，
先生有谓"李杜犹不免俗情"（《马一浮·辟寇集》序），足见其睥睨古贤的见地；作

为书家，先生有云"眼底几许如魏晋"（《癸未冬至日，尹默见过，并示近作》），"自写黄庭不为鹅"（《次韵答湛翁》），可见其夭矫自适之心境。所有这些，恰好说明身为大学者、大诗人、大书家的恢宏气度与高迈识见。而这一切又不是"张狂"于外的，恰恰是"内王"于里，它浓缩为书家运笔的一点一画，一股畅旺的生命力跃然纸上。于右任称其"笔挟元气"，沈尹默称其"笔力扛鼎"，即此之谓也。它带给人的美感，如甘泉美酒，是一种提纯的丰富，醇和的厚重，是真正的雄强。

龚自珍论陶渊明诗云："陶潜酷似卧龙豪，万古浔阳松菊高。谁信诗人竟平淡，二分梁父一分骚。"借此可以评价谢无量的诗歌和书法，他的意趣，他的墨妙，使人获得一种超然孤秀的审美享受，并从中领略其旷逸绝俗的精神境界。

浣花流韵

后世诗文题咏及书画创作

浣花溪经草堂正门，萦回曲折，绕园而过。浣花溪属岷江水系，流经草堂东去。当年江阔水深，可行大船。杜甫卜居于此，这一带人烟稀少，风景如画。杜甫离开后，他在浣花溪边的旧宅，成了后世诗人心中的一段情结，前来寻访他诗踪遗迹的追随者络绎不绝：岑参、郑谷、韦庄、宋祁、苏轼、陆游、虞集、杨慎、王嗣奭、张问陶……历代文人墨客凭吊草堂，缅怀诗圣，不乏吟咏之作，浣花诗已成为一大专题诗歌门类。

在诗歌的历史上，还没有哪一位诗人，具有杜甫那样深刻而广泛的影响力。他既是前代诗歌的集大成者，又是后代诗歌源流的开启者。尊杜成为中国诗歌的正统；成都草堂成为诗歌的圣地，受到历代文人墨客的瞻拜。后世很多诗人在草堂留下了吟咏成都、缅怀诗圣的诗作。中唐诗人张籍送人入蜀，特意作诗叮嘱朋友："行尽青山到益州，锦城楼下二江流。杜家曾向此中住，为到浣花溪水头。"诗人雍陶在《经杜甫旧宅》中写道："浣花溪里花多处，为忆先生在蜀时。万古只应留旧宅，千金无复换新诗。"可以说是深情向往和衷心推崇之意溢于言表。

王安石为宋代尊杜重要人物，荆公论杜最著名的是一首题杜甫像的诗：

吾观少陵诗，谓与元气侔。力能排天斡九地，壮颜毅色不可求。浩荡八极中，生物岂不稠？丑妍巨细千万殊，竟莫见以何雕镂。惜哉命之穷，颠倒不见收。青衫老更斥，饿走半九州。瘦妻僵前子仆后，攘攘盗贼森戈矛。吟哦当此时，不废朝廷忧。常愿天子圣，大臣各伊周。宁令吾庐独破受冻死，不忍四海赤子寒飕飕。伤屯悼屈止一身，嗟时之人我所羞。所以见公像，再拜涕泗流。推公之心古亦少，愿起公死从之游。

苏轼书杜诗《堂成》诗卷，原藏于日本林氏兰千山馆，现寄藏于台北故宫博物院。《墨缘汇观法书》卷上记载："澄心堂纸本……凡见苏文忠公，用墨太丰。此卷字划沉着，用墨浓淡得中，较丰墨中别有生动之趣，亦纸之使然耳。"苏轼在书写杜诗后写下一段批注：

> 蜀中多桤木，读如"欹仄"之"欹"，散材也，独中薪耳。然易长，三年乃拱。故子美诗云："饱闻桤木三年大，为致溪边十亩阴。"凡木所荫，其地则瘠。惟桤不然，叶落泥水中辄腐，能肥田，甚于粪壤。故田家喜种之，得风叶声发发如白杨也。"吟风"之句尤为纪实云；"笼竹"亦蜀中竹名也。

跋语细细描述了蜀中农家为何多植桤木，与杜甫诗境，颇多合处。

黄庭坚《老杜浣花溪图引》，本是黄庭坚的一首题画诗，诗云：

> 拾遗流落锦官城，故人作尹眼为青。碧鸡坊西结茅屋，百花潭水濯冠缨。故衣未补新衣绽，空蟠胸中书万卷。探道欲度羲皇前，论诗未觉国风远。干戈峥嵘暗宇县，杜陵韦曲无鸡犬。老妻稚子且眼前，弟妹飘零不相见。此公乐易真可人，园翁溪友肯卜邻。邻家有酒邀皆去，得意鱼鸟来相亲。浣花酒船散车骑，野墙无主看桃李。宗文守家宗武扶，落日寒驴驮醉起。愿闻解鞍脱兜鍪，老儒不用千户侯。中原未得平安报，醉里眉攒万国愁。生绡铺墙粉墨落，平生忠义今寂寞。儿呼不苏驴失脚，犹恐醉来有新作。常使诗人拜画图，煎胶续弦千古无。

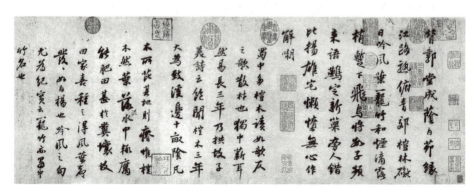

《堂成》　苏轼　书

杜甫像　李可染　绘

赵孟頫为元代书画大家，也有一首《题杜陵浣花图》流传：

春色曛人苦不禁，蹇驴驮醉晚駸駸。江花江草诗千首，老尽平生用世心。

明代散文家钟惺有一篇《浣花溪记》，颇传当时浣花草堂之神韵。兹录于后：

出成都南门，左为万里桥。西折，纤秀长曲，所见如连环、如玦、如带、如规、如钩，色如鉴、如琅玕、如绿沉瓜，窈然深碧、潆回城下者，皆浣花溪委也。然必至草堂，而后浣花有专名，则以少陵浣花居在焉耳。

155

《遣意二首》其一："一径野花落，孤村春水生。"

行三、四里为青羊宫，溪时远时近。竹柏苍然、隔岸阴森者，尽溪，平望如荠。水木清华，神肤洞达。自宫以西，流汇而桥者三，相距各不半里。异夫云"通灌县"，或所云"江从灌口来"是也。

人家住溪左，则溪蔽不时见；稍断则复见溪。如是者数处，缚柴编竹，颇有次第。桥尽，一亭树道左，署曰"缘江路"。过此则武侯祠。祠前跨溪为板桥一，覆以水槛，乃睹"浣花溪"题榜。过桥，一小洲横斜插水间如梭，溪周之，非桥不通。置亭其上，题曰"百花潭水"。由此亭还，度桥过梵安寺，始为杜工部祠。像颇清古，不必求肖，想当尔尔。石刻像一，附以本传，何仁仲别驾署华阳时所为也。碑皆不堪读。

钟子曰：杜老二居，浣花清远，东屯险奥，各不相袭。严公不死，浣溪可老，患难之于朋友大矣哉！然天遣此翁增夔门一段奇耳。穷愁奔走，犹能择胜，胸中暇整，可以应世，如孔子微服主司城贞子时也。

时万历辛亥十月十七日。出城欲雨，顷之霁。使客游者，多由监司郡邑招饮，冠盖稠浊，磬折喧溢，迫暮趣归。是日清晨，偶然独往。楚人钟惺记。

杜甫居浣花草堂的题材，素为画家所喜。杜甫草堂博物馆藏有张大千绘《浣溪行吟图》，刻画精工。草堂藏品中还有傅抱石画杜甫像（"新松恨不高千尺"诗意）、蒋兆和画杜甫像，都堪称传世名作。所有这些杜甫像的创作有一个共同的特点，就是非常注重人物内在精神气质的传达，注重表现诗圣的人格力量。

浣花溪从雪山发源，从远古文明中流出，曾经滋养了颠沛流离的诗人疲惫的身心，它还在继续滋养着诗人身后的草堂，滋养着草堂的灵秀诗意。杜甫身后，他自己成为一座高峰，成为后人仰止的对象。人们评价他的诗歌千汇万状、汪茫万顷、浩若江海，沾溉了无数的后来者，甚至滋养了整个民族的精神世界。

诗歌圣地

杜甫草堂的诗歌文化

"诗圣著千秋"陈列

　　成都杜甫草堂是杜甫流寓成都的居所，也是现存诗圣杜甫遗迹中规模最大、保存最完好、最具代表性的一处，被誉为中国文学史上的一块圣地。"诗圣著千秋"基本陈列位于杜甫草堂旧址内诗史堂前回廊两侧，借用朱德同志题写的对联命名，陈列分为"诗圣著千秋"与"草堂留后世"两大部分。

　　进入第一展室"诗圣著千秋"陈列，首先映入眼帘的是简明扼要的前言和杜甫生平大事记。前景书案沉静而朴素，体现了杜甫的诗人本色；背景一组体现盛唐风

杜甫草堂博物馆"诗圣著千秋"陈列荣获
2004 年全国十大文物精品陈列"最佳创意奖"。

貌的图片告诉人们，诗人正是从这样的时代背景中走出来的；而他的苦难人生，化
为流传千古的 1400 多首诗歌，凝结成一座永恒丰碑。场景布置营造出悠远的历史文
化氛围和想象空间，也为整个陈列定下统一基调。第一展室陈列展示诗人生平及诗
歌创作，包括"少年""漫游""在长安""左拾遗""漂泊西南""后世纪念"六个
单元。杜甫于 712 年出生在河南巩县一个仕宦家庭，他从小就显现出聪颖过人的文
学天赋，树立了报效国家的远大志向。但是他仕途坎坷，命运多舛，漂泊流离，衣
食无着。尽管如此，他仍以饥寒之身怀济世之志，把自己的苦难与人民的疾苦、国
家的安危紧密相连，用如椽诗笔，抒发了忧国爱民的高尚情怀。杜甫的诗歌，形象
而深刻地反映了唐代"安史之乱"前后的社会生活面貌，被誉为"诗史"；杜甫在
诗歌艺术上也取得了集大成的伟大成就，成为中国诗歌史上的一座高峰，被尊为
"诗圣"。

　　杜甫生平陈列以时间为一条明的线索，而诗人的诗歌艺术和他的思想也随着他

的生命历程的演进而发展，这是一条暗的线索，它打破既有的条块分割，使陈列内容之间呈现出一种动态的内在联系。每一单元内容都与杜甫各时期代表性诗作紧密结合，以杜籍版本、图片、书画、塑像、场景、实物等互相呼应、生发，形象地展示出诗人的人生轨迹和心路历程，彰显出杜甫伟大的爱国精神和杰出的诗歌成就。陈列的风格紧贴诗人的思想性格，将杜甫的人道主义精神和文化道德的神圣使命感贯穿始终，在平实中体现崇高，在朴素中闪烁光辉。陈列着力营造唐文化氛围和诗歌意境，努力传达出中国诗歌文化的高雅气息，走进展厅，不用细读文字，就能很直观地感受到一个诗歌艺术的"场"。作为陈列立意的升华，在尾声部分，突出表现杜甫及其诗歌对中国文化的深远影响，突出杜甫作为世界文化名人的重要地位。

　　第二展室"草堂留后世"，内容分三部分，分别介绍杜甫寓居成都草堂的生活、杜甫在成都草堂的重要诗作及其精神世界以及杜甫离开后成都草堂的历史沿革。杜甫一生绝大部分时间，是在漂泊动荡中度过的。他为躲避"安史之乱"，于759年冬来到成都，在城西浣花溪畔营建了一座草堂，前后居住了三年零九个月。这是杜甫一生中相对安定的一段时间，有严武、高适等朋友接济他的衣食，他得以同家人共享天伦之乐。在杜甫于765年离开成都后，杜甫草堂得到历代保护和修缮，并逐渐演变为一座纪念性祠宇。2001年，杜甫草堂内发掘出唐代民居遗址，与杜甫在成都草堂生活年代接近。遗址出土了大量器物，包括日常生活用品、寺庙建筑构件和一块唐代碑刻。其中一小部分陈列在展厅里，它们见证着，也沟通着草堂的昨天和今天。

寓居成都草堂这一时期，也是杜甫诗歌创作的一个新的高峰期，他留下了240多首诗作，如《蜀相》《春夜喜雨》《客至》《登楼》《茅屋为秋风所破歌》等都是其中脍炙人口的名篇。自然、亲情和友爱，以从未有过的深情从诗人笔端款款流出；而对时局的忧患和对人民的同情依然是他生命乐章中高扬的主旋律。正因如此，成都杜甫草堂成为追溯杜甫整个人生历程乃至研究中国文学史不能不提的一个地方。"草堂茅屋"成为杜甫伟大人格和仁爱精神的象征，成为诗圣杜甫的精神家园和后世缅怀凭吊的寄托之所。1961年，成都杜甫草堂被中华人民共和国国务院公布为首批全国重点文物保护单位。1962年，杜甫诞生1250周年之际，世界和平理事会推选杜甫为世界各国共同纪念的世界文化名人。

大雅堂

　　大雅堂由原草堂寺古建筑大雄宝殿改建而成，于2002年年初正式对外开放。"大雅堂"之名，出自北宋诗人、书法家黄庭坚所作《大雅堂记》，黄庭坚"尽书杜子美两川夔峡诸诗刻石，藏蜀中好文喜事之家"，丹棱杨素"作高屋广楹"安放这批刻石，由黄庭坚题名为"大雅堂"，有推尊杜诗为中国诗歌正统之意。"大雅"原为《诗经》的一种体裁，后常被用作指代《诗》《骚》。诗仙李白《古风》就有"大雅久不作，吾衰竟谁陈"之句。今天，杜甫草堂沿用"大雅堂"之名，匾额"大雅堂"三字是集唐代书法家颜真卿字刻成，其"大雅"之义，可以理解为中国优秀诗歌传统。杜甫草堂大雅堂所塑12位诗人分别是战国时的屈原，东晋时的陶潜，唐代的陈子昂、王维、李白、白居易、李商隐，宋代的苏轼、黄庭坚、李清照、陆游、辛弃疾，这些都是中国诗歌史上的杰出之辈；而诗圣杜甫在其中起了一个承上启下的重要作用。杜甫学习前辈诗人，取得了"集大成"的诗歌成就。同时，杜甫又开启了后代诗歌的许多流派，所谓"残膏剩馥，沾丐无穷"。可以说，唐以后的诗人，无不受到杜甫影响，后人学其一点，而足以成家。元稹《唐故工部员外郎杜君墓系铭并序》写道："至于子美，盖所谓上薄风骚，下该沈（佺期）宋（之问），言夺苏（武）李（陵），气吞曹（植）刘（桢），掩颜（延之）谢（灵运）之孤高，杂徐（陵）庾（信）之流丽，尽得古今之体势，而兼人人之所独专矣。……诗人以来，未有如子美者。"对杜甫"集大成"的成就及其在中国诗歌史上承前启后的地位做出了高度评价。

　　大雅堂大型彩釉镶嵌磨漆壁画，创作为钱来忠、吴绪经，制作为司徒华。对杜甫的人生经历与诗歌创作进行了高度概括，着力表现其博大精深的艺术境界和忧国

忧民的思想情怀。该壁画以彩釉镶嵌漆画手法制作，全部采用天然矿物颜料和自然材质，壁画长 16 米，高 4 米。作品金碧辉煌，历久常新，艺术效果蔚为大观。

12 尊诗人塑像分别为叶毓山、钱绍武等著名雕塑家创作，塑像有乌木、汉白玉、青铜等材质，姿态各异。雕塑家对所创作诗人进行了深入细致的研究，查阅了大量资料，反复推敲，精心创作。现在安放在大雅堂的 12 尊诗人塑像，不但人物形象栩栩如生，而且在刻画诗人个性特点和精神气质方面可谓入木三分，具有强烈的艺术感染力。

景杜堂 "情系草堂" 陈列

　　景杜堂即景仰诗圣景行景止之意，为《情系草堂》陈列展厅，展出的是中华人民共和国成立以来，毛泽东、邓小平、江泽民等党和国家领导人以及钱学森、杨振宁、余光中、金庸、王蒙、李一氓、张秀熟、缪钺、屈守元、叶嘉莹等科学家、艺术家、诗人作家、文化学者、知名人士参观草堂游览的资料图片、赠送礼物和留言题字。外国政要金日成、李光耀、金泳三、卢泰愚、基辛格、希拉克、卡梅伦、文在寅等曾访问过杜甫草堂。邓小平同志曾经五次参观杜甫草堂，他表示，草堂是个好地方，到成都不来草堂，就等于没到成都。

草堂唐代民居遗址

　　2001 年年底，在铺设杜甫草堂地下管道施工中，分别在草堂正门西侧和工部祠东北面原盆景基地内发现唐代灰坑和唐代民居遗址，出土了大量唐代陶瓷器皿、建筑构件及墙基、水井、水沟、灶台等民居遗存，另有少量钱币、陶珠、围棋子、漆器残片等。在少量器物残片上，发现了一些文字，如"洞玄""夫""酒""茶""浣花"等。其中最重要的发现是出土了一块唐碑，作为井盖被反扣在一口水井上，碑的规格为 64cm×55cm×8.7cm，碑文基本完整（碑文最后两行被磨损）：

益州正觉寺故大德行感禅师塔铭并序

禅师讳行感，生缘王氏，蜀郡人也。家世以清白知名。幼而入道，勤习法要。深解大乘义趣，兼览儒书，尤□□□之迹，康识法雅之俦也。然不求名闻利养，为□□归□，贞节苦心，无犯戒律。常在空闲之处，安禅独坐。呜呼！时至命尽，与化而去。粤以垂拱三年龙集□春三月□□朔十三日丁丑终于本寺。高范不追，遗芳可纪。乃□□图美，垂之来裔。铭曰：

□波罕际，妙□□诠。惜惜上德，乃应其玄。深惟宿愿，光启明缘。志出烦恼，落彩劈年。万行分流，五乘殊轸。慧业一贯，中身毕尽。奋有庄严，遂荒法忍。暗室开悟，迷方汲引。天道盈虚，与时消息。死生变化，孰知其极。是病是身，即色非色。悲夫蜕影，于嗟去识。江水之西，平原之上。悠悠今古，宜其泉圹。野鸟徘徊，行人凄怆。空余石塔，孤坟……

杜甫对草堂附近的人家是非常熟悉的，相处也很融洽。他写过"北邻"，是一个退职的县令，爱酒能诗，常来草堂做客。他写过"南邻"，是一个姓朱的隐士，曾经邀请杜甫到他的水亭喝酒谈诗。写过"黄四娘家花满蹊"；写过村野里人赠送樱桃给自己品尝；写过夜来打发小孩去邻居家赊酒；至于"肯与邻翁相对饮"提到的那位老者，是不是就曾经生活在这片民居中间呢？草堂唐代遗址出土的这块唐碑，是武则天垂拱三年（687年）一个高僧的塔铭，那上面记述浣花溪一带风景"江水之西，平原之上；野鸟徘徊，行人凄怆"，可以想见当时的清幽。杜甫曾经提到过"黄师塔前江水东"，他是不是还见过这个姓王的禅师的塔铭呢？总之，站在新建成的草堂唐代民居遗址陈列馆里，面对着那些来自诗圣杜甫那个遥远时代的真实场景，的确可以好好抒发一番思古之幽情。

《绝句漫兴九首》其六："苍苔浊酒林中静，碧水春风野外昏。"

万佛楼

　　杜甫草堂东侧原有一座草堂寺，寺内有万佛楼，为木质四层重檐攒式宝顶结构，正八边形，每边长 6 米，楼顶为绿色琉璃瓦。楼内原供泥塑佛像四尊，壁间绘佛像千余尊。成都民间流传"东有望江楼，西有万佛楼"之说，可见颇为有名，后被毁。2004 年，杜甫草堂着手重建万佛楼，重建工程作为中国诗歌文化中心建设项目的一个重要组成部分，被列入 2005 年成都市委、市政府为民办实事目标项目。工程建筑面积 910 平方米，楼高 30.7 米，正八边形，重檐四层，并新铸铜钟，悬挂楼顶。

《重建万福楼记》谭继和、祁和晖撰文，王飞书

　　为记此盛事，杜甫草堂博物馆特委托著名学者、诗人钟树梁先生作重建万佛楼钟铭。钟树梁先生是四川省杜甫学会名誉会长、《杜甫研究学刊》顾问，多年来致力于杜甫研究和古典诗词创作，熟悉草堂的历史变迁，对诗圣杜甫和杜甫草堂有着深厚感情。铭文饱蘸激情，文势沛然，辞采高古，立意深宏，做到了杜甫所说的"毫发无遗憾，波澜独老成"。铭文延请著名书法家谢季筠先生书写，翻铸于万佛楼铜钟之上，成为杜甫草堂一个新的文化景观。建楼之初，为切合于杜甫草堂诗歌文化内涵，依据"为民祈福"之意，曾将"万佛楼"更名为"万福楼"，后又恢复"万佛楼"原名。钟铭、楹联、碑记仍依"万福"之称。钟铭如下：

　　杜甫草堂之东，古有佛寺，寺侧有万佛楼，惜毁于"文革"。公元二〇〇五年，乃重建之，新铸铜钟，高悬楼顶。层楼五重，翼然云表；嘉木千章，蔚成绿海。钟声宏扬而远达，草堂宁静益多幽。楼虽重造，已非招提；钟乃新成，不宣佛号。爰名万福，众皆曰善。夫天生蒸民，自求多福。《洪范》明五福之义，《诗经》着福禄之宜。故福为生民所创，众庶所期。草堂本诗歌圣地，尤深明斯旨，故万福楼与万

万佛楼内陈列有杜甫《秋兴八首》楷书石刻组碑，为清人黄云鹄书。

福钟之义昭昭然无所惑也。诗圣杜甫，敬佛而不佞佛，重福而常哀民之无福。殷忧之情，千秋不易。今莅草堂，诵杜诗，闻福钟，其必有感于心者。声传广厦千间之愿，长作钟鸣；门泊东吴万里之船，来寻诗韵。椎鼓鸣钟而天下能闻，和平永保；如胶似漆而众心咸乐，和谐是求。铭曰：

> 维此洪钟，万福所钟。
>
> 声传广宇，穆穆雍雍。
>
> 福由德成，非钟所降。
>
> 以扬清风，以砺志壮。
>
> 钟音铿铿，寥廓澄明。
>
> 同气相求，高义干云。
>
> 钟声心声，浑然一片。
>
> 成都草堂，星辉月灿。

乙酉春成都钟树梁撰。

书画及古籍版本收藏

　　杜甫是中国古典诗歌的一座高峰，是对后世影响最广泛、最深刻的一位诗人，后世以学习杜诗者为最多。从大文化的角度来看，"诗圣"杜甫其实是一个文化史意义上的圣人，他对中华民族人格精神的陶冶和中国各门类艺术创作的影响巨大而深远，已经远远超越了诗歌的范畴。对于杜甫与杜诗的研究与学习，也就不限于诗歌领域。中国传统书画艺术在杜甫诗歌创作中受到极大关注，并由此对后来的书画创作产生了深刻影响。杜甫被推为题画诗鼻祖，杜诗书法和杜甫诗意画成为一大专题创作门类，这在古今中外的诗人中是绝无仅有的。所以，杜甫也是中国文化的杰出代表，是"四千年文化中最庄严、最瑰丽、最永久的一道光彩"（闻一多《杜甫》）。

　　自古以来，诗书画相通。苏轼就说："少陵翰墨无形画，韩干丹青不语诗。"（《直方诗话》）杜甫对于绘画给予了极大的关注，对当世名家如吴道子、王维、韦偃、曹霸、韩干、王宰等人的艺术创作，都做出了非常精当的鉴评。并在《奉先刘少府新画山水障歌》及《戏题王宰画山水图歌》诗中提出了"元气淋漓""咫尺万里"等重要绘画美学命题。杜甫题画诗，以诗咏画，以诗意发挥画意，以诗境开拓画境，其创始之功，已早有定论。杜甫的论书诗，以《李潮八分小篆歌》为代表，这是一篇高度浓缩的中国古代书法史。其中"书贵瘦硬方通神"的论述，影响尤为深远。

　　成都杜甫草堂博物馆以收藏杜诗书画作品而著称，自建馆以来，系统地收藏了从明清至现当代以杜诗为题材的书法、绘画作品数千件，其中许多是名家精品。书法如董其昌、张瑞图、王铎、傅山、何绍基、吴昌硕、郑孝胥、于右任、林散之、

杜甫像　傅抱石　绘

《客至》 林散之 书

谢无量、沈尹默等巨匠墨宝；绘画如齐白石、张大千、徐悲鸿、傅抱石、李可染、潘天寿、李苦禅、贺天健、刘海粟等大师佳构。这些都广为艺术界、收藏界人士所称道。

成都杜甫草堂博物馆是全国古籍保护重点单位，收藏了自宋、元、明、清以来传世的杜籍版本上万册（部），以及世界各国十多种语言的杜诗译本，堪称当今杜甫研究领域资料收集中心。其中十三部古籍入选全国珍贵古籍名录。最具代表性的是南宋淳熙刻本《草堂先生杜工部诗集》六卷残本，纸质柔韧细密，刻工细腻圆熟，字体挺拔丰满，墨色淡雅朗润，海内孤本，弥足珍贵。杜甫草堂联合四川省图书馆建立了西南最大的国家级古籍修复中心，并设立古籍修复展示馆，供观众参观。

草堂先生杜工部詩集宋本半葉十行行
二千字白文無註書名不載公私紀錄為極罕
見之本武傅清內庫時藏曾有人收得零頁
云現殘存第十兩卷（三十三葉）第十六卷（三
五葉七四三十二葉）第十七卷（全）第十八卷（一
第十九卷（一四三十三葉）第二十卷（全
第六卷八十七葉內已存書既興學壽致參
目下查何人所誰為卷我何貯永得而詳美
是書體的息奇妙之四卷分為平言八句五言
絕句五言七言八句亦為多為七言長律七言

草堂先生杜工部詩集卷之二十

東西存者無消息郊者為塵泥賊子因陣敗歸
尋蒿似我啼四郊跬父行見空巷日瘦氣慘懷恆對狐狸
辭且窮樓方春獨荷鋤日暮還灌畦縣吏知
我至召令晉鼓鞞雖從本州役內顧無所攜
一身遠去終轉迷家鄉既蕩盡遠近理亦齊永痛長
病母五年委溝谿生我不得力終身兩酸嘶人生無
家別何以為蒸黎

南宋草堂杜集殘本
陳毅昌叟鑑

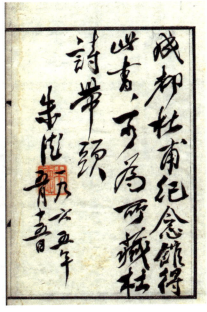

成都杜甫紀念館得
此書千子為所藏杜
詩帶頭
朱德一九五九年青月

杜甫学会与《杜甫研究学刊》

  四川省杜甫学会成立于1980年，其前身为成都杜甫研究会，它是根据胡乔木同志的指示，在张秀熟等学界前辈的关心下发起成立的，首任会长为著名学者缪钺先生。学会成立以来，始终把弘扬优秀传统文化与改革开放的时代精神相结合，把学习"诗圣"杜甫精神与社会主义先进文化建设相结合，开阔了传统学术视野，体现了鲜明的时代特点，多次荣获四川省社科"十佳学会"称号。学会依托杜甫草堂这样一个实体，以《杜甫研究学刊》为阵地，长期不断地坚持学术研究，并定期举办学术活动。迄今已召开二十多届年会，分别以专题研究形式研究杜甫在不同时期、不同地域的创作、生活及其影响等，如对杜甫两川时期诗歌、夔州时期诗歌、湖湘时期诗歌、杜诗与西域文化以及杜甫与新世纪中国文化建设等专题分别在各次年会上进行着重探讨，及时将杜甫研究的新成果新信息向国内外传递，产生了良好的社

会效益。学会除了以成都为基地举办各种学术活动，还先后在湖南平江、河南巩县、四川奉节、新疆乌鲁木齐、内蒙古呼和浩特等地召开大型学术年会，这些活动吸引了大量国内以及海外学者参加，使学会的每一次大型学术活动都实际上产生了全国性乃至国际性影响。成都杜甫草堂博物馆多年来与学术界密切联系，在不断深入挖掘杜甫草堂历史文化内涵方面做文章，取得了令人瞩目的成绩。2012 年 9 月，杜甫学会与杜甫草堂一起，在成都举办了纪念诗圣杜甫诞生 1300 周年系列纪念活动，引起广泛关注。

学会会刊《杜甫研究学刊》是中国社科核心期刊，四川省一级期刊，四川省优秀期刊，国内外公开发行。辟有"杜甫研究""杜诗学研究""版本及评介""杜诗鉴赏""问题讨论""诗圣遗踪遗迹考""域外论杜""浣溪丛语"等栏目。学刊原名《草堂》，半年刊；于 1988 年更名为《杜甫研究学刊》，季刊。自 1981 年创刊以来，刊登杜甫研究学术论文 3000 多万字，比较集中地反映了多年来杜甫研究的发展状况及当前古典文学论坛的热点问题。并造就了一大批杜甫研究的中坚力量，使杜甫研究在海内外学术界长期保持良好的势头。国内外许多著名专家、学者在本刊发表过文章。不少力作被《人大报刊复印资料》等权威机构转载、索引，产生了深远的影响。

草堂人日活动

　　我国传统旧俗把阴历正月初七定为人日。杜甫流寓成都之时，好友高适任蜀州刺史，常常资助杜甫。上元二年（761年）人日这天，高适作《人日寄杜二拾遗》一诗寄送杜甫。九年后，也在人日这天，在湖湘一带漂泊的杜甫偶然中翻检到这首诗。此时高适已不在人世，杜甫痛感人事变迁，故旧零落，写下了《追酬故高蜀州人日见寄》一诗。自此，高杜友谊和人日唱和的故事传为文坛佳话。清咸丰四年（1854年）年初，时任四川学政的何绍基在果州（今南充）主考竣事后，返回成都，特宿于郊外，待到正月初七人日，才到草堂题就一联："锦水春风公占却，草堂人日我归来。"隐隐有以杜甫后来者自诩之意。何绍基在草堂题写此联之后，文人骚客竞相效仿，每年人日便云集草堂，挥毫吟诗，瞻拜杜甫，寻梅踏春。久而久之，于是演变为"人日游草堂"的地方风俗，并一直延续到今天。

　　成都杜甫草堂从1992年始，首倡恢复草堂人日活动，至今从未间断。"草堂人日"现已成为成都市具有重要影响的节日民俗活动，并成为省级非物质文化遗产。

草堂书院

　　草堂书院有着悠久的历史，它后来又成为久远的传说。元宪宗时，将军纽璘入蜀，官拜大监，即当时统率蜀地的最高长官。在他的倡议之下，在成都少陵草堂旧址捐私财建草堂书院，时人将其与文翁石室、扬雄墨池并称成都三大书院。纽璘并上表朝廷，为杜甫请谥"文贞"封号。至正二年（1342年），朝廷追谥杜甫"文贞"。较早关于草堂书院的记载，有元代李祁在《草堂书院藏书铭》中写道："不田宅于家而书院于其乡，不书籍于家而于书院。"明代王圻《续文献通考》说："至正

二年（1342年），追谥杜甫文贞，盖以大监之请也。草堂书院亦创其时。"关于草堂书院的建立，刘孟伉主编《杜甫草堂史略》载钱塘人张雨《句曲外史集》有《赠纽璘大监》诗："论卷聚书三十万，锦江江上数连艘。远追教授文翁学，重叹征求使者劳。石室谭珍修俎豆，草堂迎诏树旌旐。也知后世扬雄宅，献赋为郎愧尔曹。"诗中自注："大监请以文翁之石室、扬雄之墨池、杜甫之草堂，皆列于学宫。又为甫得谥曰'文贞'。以私财作三书院，遍行东南，收书三十万卷及铸礼器以归。"明朝弘治十三年（1500年），时任四川巡按御史姚祥将书院移建于草堂前，为屋三楹，规模与元时相当，名少陵书院。明正德时名浣花书院，"浣花书院"四字至今仍保存于工部祠内"草堂唱和"碑阴。清乾隆末年，四川按察使顾晴沙主持修葺书院，复改名为少陵书院。中华民国时期，书院与草堂在兵燹战乱中式微凋敝。

2021年4月，杜甫草堂完成恢复重建草堂书院，举行了草堂书院揭幕仪式暨四川省杜甫学会第二十一届、中国杜甫研究会第十届学术年会。恢复重建后的草堂书院占地三千余平方米，格局由两重三进四合院的中国传统古建筑院落和一幢单体古建筑仰止堂组成。设有国学小讲堂、名人书房、书院图书馆、学术报告厅，由四川省博物馆图书馆、成都图书馆、青羊区图书馆、英国曼彻斯特诗歌图书馆等组成书院图书馆聚落。书院也是四川省杜甫学会和中国杜甫研究会学术交流与研究的重要场所，以及四川省博士后创新实践基地。目前，草堂书院已与中国人民大学、中国社会科学院、浙江大学、四川大学等多所高校签订了战略合作协议，助力杜甫草堂建成中国诗歌文化中心与高地。每年开展大量中华传统文化交流、出版、评奖、国学讲座及传统文化研学活动，成为中华优秀文化传习基地，青少年诗歌教育的第二课堂。

"草堂书院"匾额，集自元代书法家赵孟頫书法。"草""堂""书"三字集自赵孟頫书《杭州福神观记》，"院"字出自《长春道院记》。

诗歌大道

中国是一个诗的国度，杜甫是中国历史上对后世产生了最深远影响的诗人，他广泛师法前代及同时期诗人，取得了"集大成"的伟大成就，被尊为中华民族的"诗圣"。而唐以后的历代诗人，无不深受杜甫影响。杜甫开启了后世许多诗歌流派，可以说，后世诗人每一部传世的诗集，都是在为杜甫树立一座座文化意义上的纪念碑。

诗歌大道，沿杜甫草堂南大门照壁至浣花公园万竹广场北端，全长300米，道路中心按时间顺序排列中国自《诗经》《楚辞》开始至今历代杰出诗人约200人，展

示 100 多位杰出诗人的代表性诗句。整条大道由诗人诗句贯穿始终，诗歌大道前端及两边，是以屈原、李白、杜甫为代表的伟大诗人雕塑排列延伸。置身其中，仿佛行进在中国诗歌的历史长河中。今天，它已成为成都这座诗歌之城的一个标志性文化景点。

中国诗歌文化中心立足于杜甫草堂——浣花溪公园 800 亩范围，将杜甫草堂丰厚的历史文化内涵加以拓展、延伸，以浣花溪公园为载体，彰显出中国诗歌文化的大主题，包括诗歌公园、诗歌大道、诗歌典故、诗意造景、浣花流韵牌坊、新诗小径、游客诗墙、杜甫草堂诗圣文化园、万佛楼等。

杜诗书法刻石

"杜甫千诗碑"在空间布局上分为杜甫草堂区和浣花溪公园区两部分。杜甫草堂区域以传统的艺术形式呈现，保持其现有文化内涵和川西古典园林风貌不变。浣花溪公园区则是一个完全开放的公共区域，艺术呈现形式符合当代人的审美情趣，留下时代印记。作为一个综合性文化艺术项目，做到诗歌艺术、书法艺术、石刻艺术、园林艺术、建筑艺术、雕塑艺术等多种艺术的融合，达到情景交融、诗情画意的艺术效果。

杜甫草堂区域是整个"千诗碑"工程的核心区域，也是整个工程的精华部分，既不破坏草堂固有风貌，又体现千诗碑的精髓。选址在杜甫草堂东侧的兰园，位置相对比较偏僻，不在原来主游线上。该区域植被丰茂，以园林景观为主，多野趣而少文趣。选择承载杜诗书法刻石的这段围墙原本就存在，将现有墙体向兰园内偏移，形成新的碑廊空间，在原墙体保护的基础上进行相应的设计。该段杜诗书法石刻碑廊是杜甫草堂原有的杜诗木刻廊的延伸，也丰富了万佛楼景点区域的文化内涵。

在 2017 年完成的杜甫草堂杜诗书法石刻碑廊，集中呈现了古代杜诗书法作品，共展示从宋代到中华民国历代杜诗书法作品 80 余件，涉及 100 余首杜甫诗歌。这些都是从全国数十家博物馆馆藏中收集遴选出来的，这中间当然也包括杜甫草堂博物馆自身丰富的杜诗书法馆藏，诗歌多为杜甫的代表性诗篇。杜甫于唐肃宗乾元二年（759 年）年底来到成都，卜居西郊浣花溪畔。草堂建成后，杜甫写了《堂成》。草堂杜诗书法石刻碑廊开端正是苏轼书写的杜诗《堂成》。这件苏轼手书杜诗是迄今存世有定论的最早一件杜诗的书法作品，苏轼还为《堂成》题了长跋，弥足珍贵。苏轼这件《书杜工部楷木诗卷》原为台北兰千山馆藏，现寄藏在台北故宫博物院。正文书杜甫《堂成》诗，共 7 行 56 字。长跋共 12 行 103 字："蜀中多椵木，读如歆欨之歆。散材也，独中薪耳。然易长，三年乃拱。故子美诗云'饱闻椵木三年大，为致溪边十亩阴'。凡木所苞，其地则瘠。惟椵不然，叶落泥水中辄腐，能肥田，甚于粪壤，故田家喜种之。得风叶声发发如白杨也。吟风之句，尤为纪实云。笼竹亦蜀中竹名也。"苏轼的这段长跋，借杜甫诗句抒发了他的怀乡之情。吟物有所寓，咏诗有所悟，读杜有所思，挥毫有神助，使后人"爱玩不忍舍"。

杜甫一生的经典诗作，尤其是有关成都的代表作，当然要在草堂呈现。提到杜甫在成都书写的代表作，《春夜喜雨》当之无愧。"随风潜入夜，润物细无声""晓看红湿处，花重锦官城"生动刻画了成都地区春雨的特点，写景入情，千古传诵。为此，在"千诗碑"这一标段内专门设计了"春夜喜雨园"，王铎、郑燮、爱新觉罗·弘历（清乾隆帝）、郭沫若、萧克、邓拓、马公愚、黄稚荃等十位不同时代书法家书写的《春夜喜雨》刻于石，环绕在"喜雨亭"四周。对展现杜甫草堂历史文化内涵起到画龙点睛的作用。杜甫诗意小景、杜诗书法石刻碑廊，与草堂的川西古典园林相得益彰、相映生辉。

在浣花溪片区，以"诗圣广场"作为起点和标志，以杜甫人生为线索，重点展示杜甫的游学壮歌、长安沉吟、流寓秦州、夔门抒怀、草堂岁月、洞庭余响六个人生阶段，以摩崖石刻、书法碑廊等形式展示 1000 多位当代书法名家和文化名人书写的杜甫诗歌。人们可通过书法作品旁的二维码，了解到诗歌的创作背景、书法鉴赏等信息，并静听名家诵读；还可通过微信了解诗歌的外语翻译，实现了"历史性和现代性，艺术性和自然性，民族性和国际性"的有机统一。负责完成杜甫千诗碑文化工程的成都杜甫草堂博物馆馆长刘洪说："千个日夜、千名工匠、上千幅碑刻，成就了一本石刻杜诗，成都是诗歌之城，杜甫千诗碑将成为成都一个新的极具传统文化魅力的诗意名片，期待更多的市民和观众共享这个诗意栖居地，这也是我们为建设诗意成都、文化名城做出的应有之贡献。"立于浣花溪公园万树山顶的杜甫千诗碑高 5.68 米，宽 2 米，厚 0.4 米，重 23 吨。碑身杜甫像由蒋兆和绘，《杜甫千诗碑记》由李敬泽撰，洪厚甜书，戈春男刻。

杜甫千诗碑记

凌绝顶而览众山，杜甫是中华民族伟大诗人。他亲历大唐盛衰，以圣哲胸怀体察世上疮痍、民间疾苦，他的诗作构成了中华文脉中光耀千秋的诗史。

杜甫一生困顿流离，安史之乱，天下鼎沸，杜甫挈妇将雏，跋涉于走投无路的黎民百姓中间。直到一日，如诗如画的锦官城在前方展现，此地有放得下书案的平静，有可以投奔的故友，杜甫止于斯，在浣花溪畔营建草堂而居。漂泊疲惫的伟大灵魂在此暂歇，前后三年九个月，留诗二百四十余首，在历史的狂风暴雨中吟咏世间的简朴美好，呼唤正义与太平。

"草堂留后世，诗圣著千秋。"杜甫去后，草堂毁而复建、废而复修，弦歌不辍，吟咏不绝。这栋茅屋，经不住一夜秋风，却经住了一千二百余年时光的磨洗，成为中国诗歌的圣殿。杜甫的声音永久回荡在中国人的情感和梦想中，中华民族的精神家园里，浣花草堂光辉永在。

人间几度换，盛世今重来。公元二〇一五年九月，为弘扬中华优秀传统文化，成都市委市政府将占地五百亩的浣花溪公园划归草堂，倡建杜甫千诗碑。杜甫诗作传世一千四百余首，千诗碑项目搜集宋元以来书法名家杜诗书法作品并征选全国各地刻工将之刻石，共得诗碑一千四百余通，项目立意之宏伟，工程之浩繁，世所罕见。历经三寒暑，终于公元二〇一八年六月告竣。

千诗碑立，诗教永垂。这是民族精神的化育涵养之地，是成都人民对美好生活的追求和梦想在新时代之盛大展现。盛世而有此盛举，特立此碑，永为铭记。

成都杜甫草堂博物馆立

诗意成都

一、杜诗涉及的成都历史遗迹

　　成都自古为西南重镇，秦时已成为全国性的大都市。前256年，蜀郡太守李冰建成都江堰水利工程，使得成都平原"水旱从人，不知饥馑，时无荒年"。西汉时成都人口近40万，成为全国六大都市（长安、洛阳、邯郸、临洮、南阳、成都）之一。当时的织锦业发达，设有"锦官"，故又称"锦官城"。三国时期诸葛亮在蜀地发展生产，与吴、魏鼎足而立。唐朝时期，成都经济发达，文化繁荣，佛教盛行，是全国四大城市（长安、扬州、成都、太原）之一，农业、丝绸业、手工业、商业发达，造纸、印刷术发展很快。742年之前成都是益州首府，758年改称蜀郡。756年至757年，唐玄宗李隆基到成都躲避叛军，唐肃宗至德二载（757年），因李隆基幸蜀，成都被升为成都府。760年成都被命名为"南京"。

乾元二年（759年）冬，杜甫携家人风尘仆仆来到成都，暂居浣花溪畔古寺，第二年春天在亲友资助下，营建草堂，很快新家落成，诗人结束了颠沛流离的生活，身心得到暂时的安定。浣花草堂恬静的生活环境、优美的自然风光、丰富的历史文化遗迹，激发诗人情思。他遍访成都及周边历史遗迹，对古蜀帝杜宇、三国蜀汉武侯诸葛亮表达崇敬之情，对武侯祠、万里桥、石笋、石犀、石镜、琴台、摩诃池、百花楼、黄师塔、玉垒山、丈人山等历史古迹都有诗作吟咏。

杜宇及望丛祠

古蜀先帝杜宇，教民务农，号称望帝，任用荆人鳖灵（即开明帝）为相，消除水患，后让位于开明，隐退西山。传说死后其魂化为杜鹃鸟（即子规），蜀民思念不已，每闻杜鹃啼叫，便跪拜，郦道元《水经注》有杜宇疏凿巫峡的传说。蜀地历史的神秘引人探究，"蚕丛及鱼凫，开国何茫然""尔来四万八千岁，不与秦塞通人烟"（李白《蜀道难》）。杜甫到成都之后，蜀地关于古蜀杜宇传说让他非常感兴趣。杜诗《杜鹃行》："君不见昔日蜀天子，化作杜鹃似老乌。寄巢生子不自啄，群鸟至今与哺雏。虽同君臣有旧礼，骨肉满眼身羁孤。业工窜伏深树里，四月五月偏号呼。其声哀痛口流血，所诉何事常区区。尔岂摧残始发愤，羞带羽翮伤形愚。苍天变化谁料得，万事反覆何所无。万事反覆何所无，岂忆当殿群臣趋。"开头四句叹蜀帝化杜鹃之悲，中间八句悯杜鹃形声之哀惨，结尾四句感慨悲痛之意，隐含感叹唐玄宗失去帝位的寓意。将历史传说与现实政治更替相联系，委婉表达了自己对历史与现实政治的见解。今郫县有望丛祠，传为杜宇、开明二帝陵。

昭烈陵与武侯祠

杜甫敬佩诸葛亮的品格才能，羡慕诸葛亮与刘备君臣际遇，景仰诸葛亮建立蜀汉政权的伟大功绩，同情和惋惜诸葛亮大功未成而身先死，先后在成都与夔州留下题咏诸葛诗作近20篇。杜甫在成都浣花草堂落成之后不久，上元元年（760年）暮春即寻访武侯祠，有诗《蜀相》（诸葛亮祠在昭烈庙西）："丞相祠堂何处寻，锦官城外柏森森。映阶碧草自春色，隔叶黄鹂空好音。三顾频烦天下计，两朝开济老臣心。出师未捷身先死，长使英雄泪满襟。"堪称对诸葛亮的千秋定评。杜甫有《赤霄行》："老翁慎莫怪少年，葛亮贵和书有篇"，也提到诸葛亮的《贵和》文章。他面对自己不能与少年人和谐相处的事实，以之作自我安慰。

万里桥与百花潭

万里桥，在成都南门外，相传为诸葛亮送费祎出使东吴登船之处。《元和郡县志》记载该桥得名于费祎感叹："万里之行，始于此桥。"万里桥是浣花草堂的一个重要地标，在南浦清江之上，杜甫在诗中多次提及。《狂夫》诗"万里桥西一草堂，百花潭水即沧浪。风含翠筱娟娟静，雨浥红蕖冉冉香。厚禄故人书断绝，恒饥稚子色凄凉。欲填沟壑唯疏放，自笑狂夫老更狂"写的是草堂的地理位置，草堂位于万里桥的西面。又有诗《野望》"西山白雪三城戍，南浦清江万里桥。海内风尘诸弟隔，天涯涕泪一身遥。唯将迟暮供多病，未有涓埃答圣朝。跨马出郊时极目，不堪人事日萧条"写在草堂远望，西岭雪山、万里桥都收眼底。杜甫离开草堂之后有《怀锦水居止二首》："军旅西征僻，风尘战伐多。犹闻蜀父老，不忘舜讴歌。天险终难立，柴门岂重过。朝朝巫峡水，远逗锦江波"，"万里桥西宅，百花潭北庄。层轩皆面水，老树饱经霜。雪岭界天白，锦城曛日黄。惜哉形胜地，回首一茫茫"。需要说明的是，杜甫当年所指的百花潭，其位置并非在今天百花潭公园，而在今浣花溪公园内。

石笋

石笋是成都重要的历史遗迹，反映古蜀的大石文化。《华阳国志·蜀志》记载："蜀有五丁力士，能移山，举万钧。每王薨，辄立大石，长三丈，重千钧，为墓志，今石笋是也。"《成都记》："距石笋二三尺，每夏六月大雨，往往陷作土穴，泓水湛然。以竹测之，深不可及。以绳系石而投其下，愈投而愈无穷。凡三五日，忽然不见。嘉祐春，牛车碾地，所陷，亦测而不能达。父老甚异，故有海眼之说。"又《风俗记》：蜀人曰："我州之西，有石笋焉，天地之堆，以镇海眼，动则洪涛大滥。"蜀地民间传说石笋为镇压海眼之物，不能移动，杜甫对这种民间传说进行澄清，作《石笋行》："君不见益州城西门，陌上石笋双高蹲。古来相传是海眼，苔藓蚀尽波涛痕。雨多往往得瑟瑟，此事恍惚难明论。恐是昔时卿相墓，立石为表今仍存。惜哉俗态好蒙蔽，亦如小臣媚至尊。政化错迕失大体，坐看倾危受厚恩。嗟尔石笋擅虚名，后来未识犹骏奔。安得壮士掷天外，使人不疑见本根。"诗先指出石笋位置、形象和历史传说情况，明确提出自己的看法"恐是昔时卿相墓，立石为表今仍存"，认为石笋可能是卿相墓冢前的墓志碑，并以此生发对社会现实的看法，这是对事情客观科学的态度。石笋古迹也成为成都街道的名字。杜甫有《诣徐卿觅果栽》："草堂少花今欲栽，不问绿李与黄梅。石笋街中却归去，果园坊里为求来。"《绝句九首》："闻道巴山里，春船正好行。都将百年兴，一望九江城。水槛温江口，茅堂石笋西。移船先主庙，洗药浣花溪。设道春来好，狂风大放颠。吹花随水去，翻却钓鱼船。"这两首诗都是对石笋的记录。

石犀

秦孝文王时蜀太守李冰主持修筑都江堰，使得成都平原"水旱从人，不知饥馑"，传说李冰曾刻石作五头犀牛以镇压水怪。晋常璩《华阳国志·蜀志》："秦孝文王以李冰为蜀守……作石犀五头，以厌水精。"上元二年（761年）灌口（今成都灌县）发生水灾，大家纷纷传说李冰所刻五头犀牛不显灵，杜甫针对此事作《石犀行》："君不见秦时蜀太守，刻石立作三犀牛。自古虽有厌胜法，天生江水向东流。蜀人矜夸一千载，泛溢不近张仪楼。今年灌口损户口，此事或恐为神羞。终藉堤防出众力，高拥木石当清秋。先王作法皆正道，鬼怪何得参人谋。嗟尔三犀不经济，缺讹只与长川逝。但见元气常调和，自免洪涛恣凋瘵。安得壮士提天纲，再平水土犀奔茫。"质疑古来的"厌胜法"，以迷信的方法镇压水怪，因为江水东流的自然趋势无法改变。提出科学可行的抵御水灾的方法：修筑堤防、高拥木石。诗中也有诗人对恢复社会秩序的心愿。2013年年初，在成都市中心的天府广场原钟楼位置，修建四川大剧院的工地上，出土一尊石兽，引起不小的轰动。兽由整块的红砂岩雕刻而成，长3.3米，宽1.2米，高1.7米，重约8.5吨。根据它的出土情况判断，石兽埋藏在西晋地层以下，最早埋于秦朝，最晚埋于西晋，其制作年代大致距今2000年。现陈列于成都博物馆。

石镜

　　武担山石镜是成都的一处名胜古迹，位于成都市北较场军区大院内。《华阳国志·蜀志》记载："武都有一丈夫，化为女子，美而艳，盖山精也，蜀王纳为妃……无几，物故。蜀王哀念之，乃遣五丁之武都，担土为妃作冢，盖地数亩，高七丈，上有石镜，表其门，今成都北角武担是也。"武担山南是三国时期刘备登基的地方，武担山的典故作为古蜀国传说之一，历来与"望帝啼鹃"齐名，山上曾有石镜，为王妃墓表。自古以来就是文人骚客歌咏的对象，诗人王勃、杜甫、薛涛、欧阳修、陆游等都曾对武担山及其典故进行题咏，武担山到了清代依然为成都的一处闻名遐迩的风景名胜。杜甫到成都后游览此地，曾经看到过石镜，感慨而作《石镜》："蜀王将此镜，送死置空山。冥寞怜香骨，提携近玉颜。众妃无复叹，千骑亦虚还。独有伤心石，埋轮月宇间。"此诗凭吊蜀王妃，以伤心石呼石镜，流露出一种孤寂苍凉的深情。《春日江村五首》其三："经心石镜月，到面雪山风。"又有《赠王二十四侍御契四十韵》："石镜通幽魄，琴台隐绛唇。"

琴台

　　琴台相传为汉代辞赋作家司马相如抚琴之处。《成都记》记载："相如琴台在城外浣花溪之海安寺南，今为金花寺。"《琴台》（司马相如宅在州西笮桥，北有琴台）："茂陵多病后，尚爱卓文君。酒肆人间世，琴台日暮云。野花留宝靥，蔓草见罗裙。归凤求凰意，寥寥不复闻。"杜甫于上元二年（761年）春登临琴台，作诗凭吊吟咏

司马相如与卓文君的爱情。《野老》："长路关心悲剑阁，片云何意傍琴台"则以琴台代指成都。今琴台路临水一端为百花潭公园，门上有笔者所撰一联"潭影天光，千秋岭雪明心镜；野花宝屧，一样芳华逐逝波"即化用杜诗。

摩诃池

摩诃池始建于隋文帝开皇二年（582年），初为隋朝蜀王杨秀扩建成都子城，在宣华池一带取土。由于取土量大，形成了巨大的池塘。其名由来一般认为当时有一个云游的西域和尚见了此处，便说了一句"摩诃宫毗罗"。梵语的意思池大有龙，后来人们便称之为"摩诃池"。其位置在今成都天府广场至后子门一带。唐代，摩诃池成为成都一处著名的风景区，无论是文人雅士还是凡夫俗子们都爱到此游览、野炊。杜甫、高骈、薛涛等都曾有题诗记游，描绘这里的优美景色。杜甫《晚秋陪严郑公摩诃池泛舟得溪字（池在张仪子城内）》："湍驶风醒酒，船回雾起堤。高城秋自落，杂树晚相迷。坐触鸳鸯起，巢倾翡翠低。莫须惊白鹭，为伴宿清溪。"诗人在晚秋时节陪严武泛舟摩诃池，共同作诗吟咏。蜀永平五年（915年）摩珂池被纳入宫苑；1914年，摩珂池被全部填平作为演武场。2014年，工人们在成体中心南侧的工地里，挖出一块大石板，竟然为世人打开了"穿越"之门。继续发掘，出现了一段超过 7 米深的沟壑，沟壑两侧是散落的石块、砖块，还有用于堆砌城墙的红色方条石。据考证，它就是"摩诃池"的东南边界。2016 年，又在成都市第三人民医院综合楼工地上发现了摩诃池的西北边界，摩诃池的北界大约在今羊市街、西玉龙街一线，摩诃池的西界，大约在今东城根街一线。由此推断，摩诃池鼎盛时期的最大面积约 1200 亩，相当于 110 余个标准足球场的大小。2023 年 7 月，成都市在东华门考古遗址公园旁部分恢复了摩诃池景观，对公众开放。

玉垒

玉垒山在灌县，唐代贞观年间在山下设关隘，是吐蕃往来要冲。《警急（时高公适领西川节度）》："才名旧楚将，妙略拥兵机。玉垒虽传檄，松州会解围。和亲知拙计，公主漫无归。青海今谁得，西戎实饱飞。"《登楼》："花近高楼伤客心，万方多难此登临。锦江春色来天地，玉垒浮云变古今。北极朝廷终不改，西山寇盗莫相侵。可怜后主还祠庙，日暮聊为梁甫吟。"《寄司马山人十二韵》："关内昔分袂，天边今转蓬。驱驰不可说，谈笑偶然同。道术曾留意，先生早击蒙。家家迎蓟子，处处识壶公。长啸峨嵋北，潜行玉垒东。有时骑猛虎，虚室使仙童。发少何劳白，颜衰肯更红。望云悲辍轲，毕景羡冲融。丧乱形仍役，凄凉信不通。悬旌要路口，倚剑短亭中。永作殊方客，残生一老翁。相哀骨可换，亦遣驭清风。"《寄杜位（位京中宅近西曲江，诗尾有述）》："近闻宽法离新州，想见怀归尚百忧。逐客虽皆万里去，悲君已是十年流。干戈况复尘随眼，鬓发还应雪满头。玉垒题书心绪乱，何时更得曲江游。"《览柏中允兼子侄数人除官制词因述父子兄弟四美载歌丝纶》："三止锦江沸，独清玉垒昏。"以玉垒山的浮云变幻不定比喻古今世事。

丈人山

即青城山，在灌县西南 15 千米，诸峰环绕，状若城郭，故称青城。传说黄帝

206

遍历五岳，封青城山为五岳丈人。这里也是我国道教发源地之一，风景优美，素有"青城天下幽"之美誉。上元二年（761年），杜甫游览青城，作《丈人山（山在青城县北，黄帝封青城山为五岳丈人）》："自为青城客，不唾青城地。为爱丈人山，丹梯近幽意。丈人祠西佳气浓，缘云拟住最高峰。扫除白发黄精在，君看他时冰雪容。"写青城之胜概，流露出诗人托身此山幽栖隐居的愿望。杜甫与青城有密切关系，《赴青城县出成都，寄陶、王二少尹》："老耻妻孥笑，贫嗟出入劳。客情投异县，诗态忆吾曹。东郭沧江合，西山白雪高。文章差底病，回首兴滔滔。"曾到青城请求朋友资助。《野望因过常少仙》："野桥齐度马，秋望转悠哉。竹覆青城合，江从灌口来。入村樵径引，尝果栗皱开。落尽高天日，幽人未遣回。"《谢严中丞送青城山道士乳酒一瓶》："山瓶乳酒下青云，气味浓香幸见分。鸣鞭走送怜渔父，洗盏开尝对马军。"言青城道士所做乳酒香醇。

西岭雪山

西岭是成都西终年积雪的岷山，是蜀地天然屏障，是关塞要冲，关系到当时成都局势，杜甫在诗中多次提及。《赴青城县出成都，寄陶、王二少尹》："东郭沧江合，西山白雪高。文章差底病，回首兴滔滔。"《西山三首（即岷山，捍阻羌夷，全蜀巨障）》："彝界荒山顶，蕃州积雪边。筑城依白帝，转粟上青天。蜀将分旗鼓，羌兵助井泉。西戎背和好，杀气日相缠。辛苦三城戍，长防万里秋。烟尘侵火井，雨雪闭松州。风动将军幕，天寒使者裘。漫山贼营垒，回首得无忧。子弟犹深入，关城未解围。蚕崖铁马瘦，灌口米船稀。辩士安边策，元戎决胜威。今朝乌鹊喜，欲报凯歌归。"《入奏行，赠西山检察使窦侍御》："窦侍御，骥之子，凤之雏。年未三十忠义俱，骨鲠绝代无。炯如一段清冰出万壑，置在迎风寒露之玉壶。蔗浆归厨金碗冻，洗涤烦热足以宁君躯。政用疏通合典则，戚联豪贵耽文儒。兵革未息人未苏，天子亦念西南隅。吐蕃凭陵气颇粗，窦氏检察应时须。运粮绳桥壮士喜，斩木火井穷猿呼。八州刺史思一战，三城守边却可图。此行入奏计未小，密奉圣旨恩宜殊。绣衣春当霄汉立，彩服日向庭闱趋。省郎京尹必俯拾，江花未落还成都。江花

未落还成都，肯访浣花老翁无。为君酤酒满眼酤，与奴白饭马青刍。"《野望》："西山白雪三奇戍，南浦清江万里桥。海内风尘诸弟隔，天涯涕泪一身遥。唯将迟暮供多病，未有涓埃答圣朝。跨马出郊时极目，不堪人事日萧条。"《扬旗》："三州陷犬戎，但见西岭青。"《遣闷奉呈严公二十韵》："西岭纤村北，南江绕舍东。"《绝句四首》之三："窗含西岭千秋雪，门泊东吴万里船。"这些诗均反映了杜甫生活时代成都的气候及地理。

杜甫诗歌提及的蜀地古迹还有碧鸡坊、百花楼、黄师塔等。杜甫《西郊》一诗提到当时重要古迹碧鸡坊："时出碧鸡坊，西郊向草堂。市桥官柳细，江路野梅香。傍架齐书帙，看题减药囊。无人觉来往，疏懒意何长。"百花楼也是唐代成都城内重要建筑。杜甫有诗：《江畔独步寻花七绝句》之四："东望少城花满烟，百花高楼更可怜。"黄师塔，是浣花草堂附近的僧塔，在当时应该是大家熟知的一处古迹，有《江畔独步寻花七绝句》其五："黄师塔前江水东，春光懒困倚微风。"想是距离杜甫草堂不远。2001 年草堂出土的《益州正觉寺故大德行感禅师塔铭并序》："禅师讳行感，生缘王氏，蜀郡人也。"一音之转，黄师塔是否就是王师塔呢？

二、杜甫蜀中诗提及的历史文化名人

司马相如

司马相如，原名司马长卿，因仰慕战国时的名相蔺相如而改名。出生于南充蓬安，少年时代喜欢读书练剑，二十多岁时以钱财为郎，做了汉景帝的武骑常侍，但这些并非其所好，因而有不遇知音之叹。景帝不好辞赋，待梁孝王刘武来朝时，司马相如才得以结交邹阳、枚乘、庄忌等辞赋家。后来他因病退职，前往梁地与这些志趣相投的文士共事，就在此时他为梁王写了那篇著名的《子虚赋》。涉及司马相如的杜诗有《酬高使君相赠》《野老》《云山》《琴台》等。杜甫在诗中极力称扬司马相如的赋，每每提到自己"赋或似相如"，与相如隔代交流也称"赋交"。杜甫还对司马相如与卓文君的爱情故事给予了赞美与歌颂，可见"诗圣"亦"情圣"。

扬雄

扬雄，字子云，西汉蜀郡成都人。少好学，口吃，博览群书，长于辞赋。年四十余，始游京师长安，以文见召，奏《甘泉》《河东》等赋。成帝时任给事黄门郎。王莽时任大夫，校书天禄阁。扬雄是即司马相如之后西汉最著名的辞赋家。刘禹锡著名的《陋室铭》中"西蜀子云亭"的西蜀子云即扬雄。扬雄曾撰《太玄》等，将源于老子之道的玄作为最高范畴，并在构筑宇宙生成图式、探索事物发展规律时，以玄为中心思想，是汉朝道家思想的继承者和发展者。杜甫涉及扬雄的有诗歌《酬高使君相赠》《堂成》等。杜甫对扬雄的人格魅力、文学创作、哲学思想等都非常推崇，在诗歌中每以扬雄自况。

文翁

文翁，西汉景帝时期蜀郡太守（前 145 年左右），文翁办了两件大事，治水与办学，2000 年来对蜀地经济、社会发展产生了深远的影响，史称"文翁化蜀"。文翁建温故、时习二讲堂，促进蜀地人文教化。文翁石室是中国最早的地方官办学堂，也是世界上最古老的地方官办学校。"蜀学"作为一个地域文化概念也缘自文翁。《汉书·文翁传》："文翁，庐江舒人也，少好学，通《春秋》，以郡县吏察举。景帝末，为蜀郡守，仁爱好教化，见蜀地鄙陋有蛮夷风，文翁欲诱进之，乃选郡县小吏开敏有材者张叔等十余人亲自饬厉，遣诣京师，受业博士，或学律令……又修起学宫于成都市中。……终于蜀，吏民为立祠堂，岁时祭祀不绝。"文翁办学影响深远，蜀中俊彦不绝如缕，相继出现司马相如、扬雄、谯周、陈寿、严遵、落下闳等杰出人物，蜀学文风大盛。文翁深受蜀人爱戴，他在蜀郡太守任上去世后，蜀人立祠追念文翁，为有记载的中国第一座祠堂。宋仁宗时，宋祁于嘉祐二年（1057 年）到四川任职，次年重建文翁祠。在彭州关口镇，至今仍能看到文翁祠的历史痕迹。在湔江堰旧址，至今廊柱犹存，颂褒文翁之联刻于其上。杜甫《将赴成都草堂途中有作先寄严郑公五首》其一："得归茅屋赴成都，直为文翁再剖符。"推重严武治理蜀地的功绩，可以比作文翁。

陈子昂

杜甫在梓州时期专门到射洪金华去拜谒过陈子昂故居，现在金华观山门两边的大理石华表上还刻有杜甫的作品，海内外至今有许多的专家学者慕名前往参观。杜甫对陈子昂的诗才和人品非常尊崇，对其不幸的遭遇深表同情，因二人遭遇有相同之处，故心有戚戚焉。陈子昂，字伯玉，梓州射洪人。因曾任右拾遗，后世称其为"陈拾遗"。青少年时轻财好施，慷慨任侠。24 岁举进士，以上书论政得到武后重视，授麟台正字，后迁右拾遗。曾因"逆党"反对武后而株连下狱。在 26 岁、36 岁时两次从军边塞，对边防颇有些远见。38 岁辞官还乡，后被县令段简迫害，冤死狱中，时年 42 岁。有《陈伯玉集》《感遇》三十八首传世。

李白

李白，字太白，号青莲居士，四川江油人。有"诗仙""诗侠""酒仙""谪仙人"等称呼，公认为是中国历史上最杰出的浪漫主义诗人。其作品天马行空，浪漫奔放，意境奇异，才华横溢，而行云流水，宛若天成。李白与杜甫合称"李杜"。李白和杜甫作为中国诗歌史上最伟大的两位诗人，他们的相见是中国文化史上的盛事，闻一多喻之为青天的两曜——日月同辉。他们之间历经患难而不改初衷的深厚友谊对后世影响深远。《不见》作于上元二年（761 年），题下自注："近无李白消息。""不见李生久，佯狂真可哀。世人皆欲杀，吾意独怜才。敏捷诗千首，飘零酒一杯。匡山读书处，头白好归来。"杜甫与李白天宝四载（745 年）在山东兖州分手后，一直未能见面。李白因入永王李璘幕府而获罪，系狱浔阳，不久又流放夜郎。杜甫以此诗表达了对李白深深的理解与牵挂。

高适

高适，字达夫、仲武，唐朝渤海郡（今河北景县）人，后迁居宋州宋城（今河南商丘睢阳）。唐代著名的边塞诗人，曾任刑部侍郎、散骑常侍、渤海县侯，世称高常侍。有《高常侍集》等传世，其诗笔力雄健，气势奔放，洋溢着盛唐时期所特有的奋发进取、蓬勃向上的时代精神。开封禹王台五贤祠即专为高适、李白、杜甫、何景明、李梦阳而立。后人又把高适、岑参、王昌龄、王之涣合称"边塞四诗人"。

涉及高适的杜诗有《酬高使君相赠》《寄高适》《奉寄高常侍郎》《因崔五侍御寄高彭州一绝》《奉简高三十五使君》等。李白、杜甫、高适年轻时有过共同游历的经历，杜甫流寓成都，高适对老友多有照顾，二人关系就显得格外亲近。高适先在彭州任刺史，后来又到蜀州（今天的崇州）任刺史，在蜀中任职时间较长，与杜甫常念旧谊，为后世留下高杜人日酬唱的佳话。

严 武

严武，唐朝工部侍郎严挺之之子，唐朝将领，曾大破吐蕃，以功进检校吏部尚书，封郑国公。三度镇蜀，屡立勋功。严武也能诗，征战吐蕃途中作《军城早秋》："昨夜秋风入汉关，朔云边月满西山。更催飞将追骄虏，莫遣沙场匹马还！"严武的父亲严挺之和杜甫的祖父杜审言是同朝为官的故交，杜甫与严武的关系一直很密切。严武是杜甫在成都生活期间最重要的资助人，也是很早关注杜甫诗歌才华的知音。杜甫离开成都，也与严武去世后杜甫一家失去依靠不无关系。《旧唐书·杜甫传》："武与甫世旧，待遇甚隆。甫性褊躁，无器度，恃恩放恣。尝凭醉登武之床，瞪视武曰：'严挺之乃有此儿！'武虽急暴，不以为忤。甫于成都浣花里种竹植树，结庐枕江，纵酒啸咏，与田畯野老相狎荡，无拘检。严武过之，有时不冠，其傲诞如此。"杜甫居成都期间，严武数度劝其出仕，杜甫婉言谢绝。后来，因感其诚意，友情难却，入严武幕府任检校工部员外郎，故又有杜工部之称。宝应元年（762 年）四月，唐肃宗死，唐代宗即位，六月，召严武入朝，杜甫送别赠诗《奉送严公入朝十韵》："公若登台辅，临危莫爱身！"《奉济驿重送严公四韵》："远送从此别，青山空复情。"广德二年（764 年）正月，杜甫携家由梓州赴阆州，准备出峡。二月，闻严武再为成都尹兼剑南节度使，写信邀请，于是便决定重还成都，作《将赴成都草堂途中有作先寄严郑公五首》，成为传世名篇。永泰元年（765 年）四月，严武突然暴病而亡，时年四十岁。追赠尚书左仆射。杜甫极为悲痛，作《八哀诗·赠左仆射郑国公严公武》："诸葛蜀人爱，文翁儒化成。公来雪山重，公去雪山轻。"给予严武文治武功极高的评价。大历元年（766 年）秋，杜甫在夔州，怀念严武治理四川时安定的局面，写下了《诸将五首》其五："锦江春色逐人来，巫峡清秋万壑哀。正忆往时严仆射，共迎中使望乡台。主恩前后三持节，军令分明数举杯。西蜀地形天下险，安危须杖出群才。"

裴迪

裴迪，生卒年、字、号均不详，关中（今属陕西）人。官蜀州刺史及尚书省郎。其一生以诗文见称，是盛唐著名的山水田园诗人。与王维、杜甫关系密切。杜甫在蜀中与裴迪时有诗歌唱和，其中《和裴迪登蜀州东亭送客逢早梅相忆见寄》："东阁官梅动诗兴，还如何逊在扬州。此时对雪遥相忆，送客逢春可自由。幸不折来伤岁暮，若为看去乱乡愁。江边一树垂垂发，朝夕催人自白头。"以其曲折深致、往复尽情，被推为古今咏梅第一。

曹霸

曹霸，唐代谯县（今亳州市）人，曹髦后裔，官左武卫将军，擅画马，与其门生韩干最著名，成名于玄宗开元年间。天宝间曾画御马，也工肖像，曾修补凌烟阁功臣像。晚年免官流落四川。画迹今已不传。杜甫作有《丹青引赠曹将军霸》《韦讽录事宅观曹将军画马图歌》，对其画艺极推重，并提出了"重骨轻肉""遗貌取神"等重要美学主张。

韦偃

《题壁上韦偃画马歌》《戏韦偃为双松图歌》。韦偃，唐代长安人，侨居成都，生卒年不详。官至少监。善画鞍马，传自家学，而过乃父，与曹霸、韩干齐名。用点簇法画马始于韦偃，常用跳跃笔法，点簇成马群。其《放牧图》画人一百四十余，画马一千二百余匹。唐代张彦远曾评价他："居闲尝以越笔点簇鞍马，或腾或倚，或龁或饮，或惊或止，或走或起，或翘或跂，其小者或头一点，或尾一抹，曲尽其妙，宛然如真。"韦偃得曹霸画马之神，得韩干画马之形，形神兼而有之。杜甫曾赋诗对其画倍加赞赏，元鲜于枢诗云："韦偃画马如画松。"所画笔力劲健，骏尾可数。也善山水、松石、人物。

王宰

王宰，唐代画家，四川人，善画山水树石。杜甫客居成都时结识王宰，在《戏题王宰画山水图歌》一诗中，称赞他："十日画一水，五日画一石。能事不受相促迫，王宰始肯留真迹。"其中"咫尺应须论万里"体现了杜甫对于山水画创作的独到眼见与心法。《太平广记》载："尝于席夔厅见（王宰）图一障。临江双松一柏，古藤萦绕。上盘半空，下著水面。千枝万叶，交查屈曲，分布不杂。或枯或茂，或垂或直。叶叠千重，枝分四面。精人所难，凡目莫辨。又于兴善寺见画四时屏风，若移造化。风候云物，八节四时，于一座之内，妙之至也。"画迹今已不传。

薛稷

薛稷，字嗣通，唐代画家、书法家。隋朝内史侍郎薛道衡曾孙，中书令薛元超之侄，蒲州汾阴（今山西万荣）人。曾任黄门侍郎、参知机务、太子少保、礼部尚书，后被赐死狱中。工书法，师承褚遂良，与虞世南、欧阳询、褚遂良并列初唐四大书法家。善绘画，长于人物、佛像、树石、花鸟，尤精于画鹤，形貌兼备。杜甫在通泉县（今射洪县）得见薛稷真迹，作《观薛稷少保书画壁》："我游梓州东，遗迹涪江边。画藏青莲界，书入金榜悬。仰看垂露姿，不崩亦不骞。郁郁三大字，蛟龙岌相缠。"

　　蜀地成都在文化艺术方面具有强大的吸引力和凝聚力，能够会聚全国四面八方的艺术大家于此，当时成都文学艺术活动及文人雅集较为活跃。严武曾邀请当时名家高手云集其幕府绘制《岷山沱江图》，并邀请杜甫参加。杜甫的成都诗作提到的艺术家还有李固之弟李司马、虞司马、王维之弟王缙等。

策　　划：廖　芸
责任编辑：王佳慧　高　辰
责任印制：冯冬青
封面设计：许天琪
封面题字：王　飞
图片摄影：王　飞
封面绘画：蒙　中

图书在版编目（CIP）数据

　诗意草堂 / 王飞著 . -- 2 版 . -- 北京 : 中国旅游
出版社 , 2024.5
　ISBN 978-7-5032-7271-4

　Ⅰ . ①诗…　Ⅱ . ①王…　Ⅲ . ①杜甫（712-770）-故
居-介绍　Ⅳ . ① K928.727.11

　中国国家版本馆 CIP 数据核字（2024）第 013353 号

书　　名：诗意草堂

作　　者：王　飞　著
出版发行：中国旅游出版社
　　　　　（北京静安东里 6 号　邮编：100028）
　　　　　https://www.cttp.net.cn　E-mail: cttp@mct.gov.cn
　　　　　营销中心电话：010-57377103，010-57377106
　　　　　读者服务部电话：010-57377107
排　　版：北京中文天地文化艺术有限公司
印　　刷：北京金吉士印刷有限责任公司
版　　次：2024 年 5 月第 2 版　2024 年 5 月第 1 次印刷
开　　本：720 毫米 ×970 毫米　1/16
印　　张：14
字　　数：165 千
定　　价：68.00 元
I S B N　978-7-5032-7271-4